耳コピが基礎からできるようになる本

トライ&トレーニング30＋150

永野 光浩 著

Stylenote

まえがき

　音楽を聴くとき、私自身はどのパートを聴いているのかをあらためて考えてみた。すると「このベースのフレーズがカッコいいな！」とか、「スネアの響きがシャープだな！」というようにボーカル・パート以外の音を聴いていることがわかった。もちろんボーカルも耳に入るが、その場合でも「ボーカルがすごく高い音を歌っているな」というように聴いているのであって、歌詞はまったく聴いていない。英語の歌を聴いているように日本語の歌を聴いているといえばわかりやすいかもしれない。皆さんはどうだろう？

　以前、こんなことがあった。
　私が教えている地元の音楽教室でベースラインの耳コピの仕方を説明していたときのことだ。耳コピ対象としていたのはボーカル、ピアノ、ベース、パッド的なストリングスという小編成のミディアムテンポの曲だ。
　歌いはじめのそのコードはC。ピアノは8分音符のアルペジオ、ベースはコードのルート音であるCをロングトーンで"ぶ———ん"と弾いているだけのとてもシンプルなアレンジだ。耳コピ初心者のその生徒に、私はまずその出だしのベースが何の音かを確認させようとしたら、その生徒は「ついついボーカルを聴いてしまいます。ベースは聞こえません……」というのだ。シンセサイザーの似たようなベース音色でC音を出しながら、"こういう音が聞こえるよ"と先にベースの音を聴いてもらってから実際の曲を聴いてみてもやはり同じだ。
　いろいろ話を聞いてみると、普段から曲を聴くときにはボーカルしか聴いていないのだそうだ。低い音が入っているのはわかるけど、ベースの音としては聞こえないという。
　その後、何度も繰り返し原曲とシンセサイザーのベース音とを交互に聴いていくうちに、ようやくその生徒は、"あっ、何か聞こえるような気がする！"といいはじめ、あとはコツをつかんだようで次第に聞こえるようになっていった。

このことから、耳コピができる、できないは、良い耳を持っているかどうかではなく、慣れの問題であることがわかる。
　弾き語りのポピュラー系作曲家になりたいのだったらボーカルばかりが聞こえるというのもアリかもしれないが、トラックメイキングを含めた作曲家になりたいのであれば、ボーカル以外のパートも聴き分けられる耳を持たなければならない。ましてや耳コピをマスターしたいのであれば、なおさらである。

　そういうわけでこの本は、ドラム、ベース、ギター、キーボードなどいくつもの楽器が重なって聞こえているなかから目的のパートを耳コピできるようになるための本だ。しかも細かいニュアンスまでを聴き取る完コピを目指している。耳コピのためのポイントをたくさん書いたが、課題曲も多く用意したので、耳コピに慣れていただきたい。

　「予備練習」の第1章では、昔から音大の受験科目の1つとしておこなわれている"聴音"にトライしてもらう。手もとに楽器を持たずに音を聴き取って五線に書いていくのだ。楽譜に不慣れな方も、この章でしっかり楽譜も書けるようになるだろう。また、この第1章は拙著『耳コピ力アップ術』と同じような内容となっている。すでにそれを実施された方は、この章を"追加課題"として考えていただければよい。

　「バンド耳コピの実際」は第2章からはじまる。最初はベースを耳コピできるようになるための章だ。続く第3章はドラム、第4章ではギター、第5章ではキーボードを耳コピする。

　本書で鍛えた耳を使って、先人のさまざまな演奏を聴き分け、ご自身の演奏や、またトラックメイキングに役立ていただければ、こんなに嬉しいことはない。

●本書で使用するオーディオファイルについて

　本書では、確実に耳コピができるようになっていただくために、さまざまなオーディオファイルを用意した。「予備練習」の聴音課題、また「バンド耳コピの実際」ではオーディオファイルをダウンロードして実際に耳コピに挑戦していただく。

　これらのファイルはすべて、下記アドレスから試聴・ダウンロードが可能だ。

　章ごと、または曲ごとにページが分けられているので、必要なページを開き、本文中のマークなどを目印に、試聴、またはダウンロードしてほしい。

https://www.stylenote.co.jp/0169

※音声が再生できない場合は、別のブラウザを使って試聴してみてください。たとえば、InternetExplorerで再生できない場合は、MicrosoftEdgeや、Google Chrome、Firefoxなどでお試しください。

もくじ

まえがき ··· 3
● 本書で使用するオーディオファイルについて ························· 5

予備練習
第1章 聴音をやってみよう

1　まずは1曲トライ ··· 12
2　聴音のやり方 ·· 14
3　基本の課題① 　聴音課題001〜010 ····································· 21
4　基本の課題② 　聴音課題011〜020 ····································· 28
5　8分音符を使った課題　聴音課題021〜030 ························ 34
6　応用課題　聴音課題031〜050 ··· 40
7　跳躍進行を含む課題　聴音課題051〜070 ··························· 53
8　臨時記号を含む課題　聴音課題071〜090 ··························· 66
9　マイナー課題にチャレンジ　聴音課題091〜110 ················· 79
10　Cメジャー、Aマイナー以外　聴音課題111〜150 ············· 91
　　　Gメジャー・91　　Fメジャー・93　　Dメジャー・95　　Aメジャー・97
　　　Dマイナー・99　　Gマイナー・100　　Eマイナー・102　　Cマイナー・104

バンド耳コピの実際
耳コピをはじめる前に

1　課題曲について ··· 116
2　DAWへの課題曲ファイルの配置について ·························· 119
3　課題曲ファイルの再生環境について ··································· 124
4　再生・停止はキーボードのショートカットが必須 ············· 125
5　使用する五線について ·· 125

バンド耳コピの実際
第2章 ベースの耳コピ

1　楽器を知る……………………………………………………128
2　M01のベース・パートを耳コピする（1～3小節め）………130
3　M01のベース・パートを耳コピする（4小節め）……………133
4　M01のベース・パートを耳コピする（5～8小節め）………136
5　M02～M10のベース・パートを耳コピする…………………138
6　M11～M15のベース・パートを耳コピする…………………152
7　M16～M20のベース・パートを耳コピする…………………156
8　M21～M25のベース・パートを耳コピする…………………158
9　M26～M30のベース・パートを耳コピする…………………161

バンド耳コピの実際
第3章 ドラムスの耳コピ

1　楽器を知る……………………………………………………166
2　M01のキックを耳コピする……………………………………173
3　M01のスネアを耳コピする……………………………………175
4　M01のハイハットを耳コピする………………………………176
5　M01のクラッシュを耳コピする………………………………177
6　M02～M10のドラムス・パートを耳コピする………………179
7　M11～M15のドラムス・パートを耳コピする………………183
8　M16～M30のドラムス・パートを耳コピする………………187

バンド耳コピの実際
第4章 ギターの耳コピ

1　楽器を知る ……………………………………………………… 196
2　M01のコード進行 ……………………………………………… 199
3　M01のアコースティックギター・パートを耳コピする ……… 202
4　M02〜M04のアコースティックギター・パートを耳コピする … 207
5　M05を使ってコードネームの導き方を解説① ………………… 209
6　M06を使ってコードネームの導き方を解説② ………………… 212
7　M07〜M10のアコースティックギター・パートを耳コピする … 225
8　M11〜M15のアコースティックギター・パートを耳コピする … 229
9　M18、M20のアコースティックギター・パートを耳コピする … 231
10　M01〜M10のエレキギター・パートを耳コピする …………… 232
11　M11〜M15のエレキギター・パートを耳コピする …………… 237
12　M16〜M20のエレキギター・パートを耳コピする …………… 240
13　M21〜M25のエレキギター・パートを耳コピする …………… 243
14　M26〜M30のエレキギター・パートを耳コピする …………… 246
15　ギター・ソロを耳コピする ……………………………………… 248

バンド耳コピの実際
第5章 キーボードの耳コピ

1　キーボードの耳コピのコツ ……………………………………… 252
2　M01のエレピ・パートを耳コピする …………………………… 254
3　M02〜M20のエレピ・パートを耳コピする …………………… 261
4　M01〜M15のピアノ・パートを耳コピする …………………… 266
5　M16〜M20のピアノ・パートを耳コピする …………………… 267
6　M21〜M25のピアノ・パートを耳コピする …………………… 271
7　M26〜M28のピアノ・パートを耳コピする …………………… 277
8　M29、M30のピアノ・パートを耳コピする …………………… 278

最後に……
耳コピ3つのお助け術

お助け術その1　ボーカルをキャンセルする……280
お助け術その2　低音を聴きやすくする……284
お助け術その3　速いフレーズをゆっくり耳コピする……286
おまけのおまけ……「Transcribe!」……287

あとがき……291
M01～M30の解答用五線とその解答……293

Apple®、Mac®、Mac OS® 等は、米国および他の国々で登録された Apple Inc. の商標です。
その他の会社名、製品名、サービス名などは各社の商標または登録商標です。

予備練習

第1章

聴音をやってみよう

　"耳コピ"ではなく"聴音"という場合、聞こえた音を聴き取って五線上に書く、音楽練習法の1つを指す。実際のバンド耳コピに入る前に、第1章でこの"聴音"にトライしていただき、"集中して音を聴く"ということと、"楽譜を書く・読む"ことに慣れておこう。

　たくさんの課題を用意しているので、ある程度進んだら、「バンド耳コピの実際」に進んでもよいだろう。ただ「まえがき」でも触れたが、耳コピには"慣れ"が重要だ。"耳コピ力（りょく）"をアップするためにも、あとからでもよいので、ぜひ、最後までトライしてほしい。

まずは1曲トライ

まず**聴音課題000**を聴いて、次の五線に音符を書き込んでみよう。このとき、**楽器を使って音を確かめてはいけない**。

8小節のメロディを、30秒ほどの間をおいて3回演奏している。

➡ 解答は次ページ

聴音課題000

聴音課題は下記ページにアップされています。
https://www.stylenote.co.jp/0169

1 まずは1曲トライ

聴音では音の長さも重要だ。

たとえば**聴音課題000**の最後の音の長さは全音符ではなく、2分音符が正解。耳コピというと音の高さばかりに注意が向いてしまいがちだが、音の長さも重要だ。全音符と2分音符では聴いた印象がまったく異なる。

こういった細かいところまで聴き分けようという注意力を持って聴音に挑むことで、音に対して次第に敏感になってゆく。

> **POINT**
> 音の高さは当たり前。細部にまで注意して聴くことが重要。

2 聴音のやり方

A　準備するもの

□五線紙
　本書に用意した五線に書き込む場合には五線紙は不要だが、聴音用に五線ノートを別に用意してもよい。

□鉛筆と消しゴム
　書いては消し……を繰り返すので鉛筆はHとかHBなどの固めの芯より、Bとか2Bくらいの柔らかいものがよい。

□インターネットで視聴できる環境
　なるべく良い音で聴ける環境を作ろう。スピーカーよりも、イヤフォンやヘッドフォンを使ったほうが良い音でモニターできることが多いだろう。

B 課題の演奏順序

聴音課題000は30秒間隔で3回演奏したが、本書の残りの聴音課題は次の順序で演奏する。

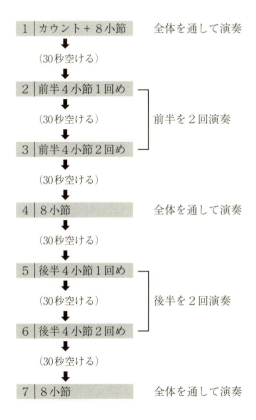

C 聴音のコツ

聴音のコツを8個、挙げよう。

聴音のコツ

- **コツ①** 左手の親指から薬指までを使って拍を刻みながら聴き取る
- **コツ②** 1回めの通し演奏で各小節の最初の音を聴き逃さないようにする
- **コツ③** 音符は「╱」で書く
- **コツ④** 「╱」だけでなく、アウトラインを併用する
- **コツ⑤** 音が聞こえている間は、前の音を振り返って考えない
- **コツ⑥** 消しゴムはなるべく使わない
- **コツ⑦** 記憶する
- **コツ⑧** 主音が持つ安定感を利用する

1つひとつを詳しく説明しよう。

 コツ①　左手の親指から薬指までを使って拍を刻みながら聴き取る

1回めの演奏の冒頭にカウントが入っているので、それに合わせて机の上に置いた左手の指を親指から順番に折っていく。

こうやって指の状態で拍を見えるようにすることで、リズムを見失わないようにする効果がある。たとえば薬指を折ったときに同時に聞こえた音は4拍めだとわかるのだ。**聴音課題001〜020**くらいまでのリズムが簡単な課題ではこの重要性がわかりにくいかもしれないが、簡単な課題のうちに**拍を刻みながら聴き取る**ことを習慣づけたほうがよい。

 コツ②　1回めの通し演奏で各小節の最初の音を聴き逃さないようにする

1小節めの1拍めの音、2小節めの1拍めの音……、それぞれの小節の1拍め（左手親指）の音を1回めの演奏で聴き取ることができれば、正解を大きく外してしまうことがなくなる。簡単な課題のうちは1拍め以外の音も聴き取れると思うが、毎小節の頭の音を確実に聴き取ろう。

 コツ③　音符は「／」で書く

音が聞こえている間は音に集中しなければならない。聴きながら「♩」や「♪」のように音符を書いていたのでは、音に集中できない。だから音符は小さい「／」で軽くサッと書く。

たとえば、

予備練習 | 第1章 聴音をやってみよう

音符は、次の演奏がはじまるまでの30秒間に、ていねいに書きなおせばいい。
　書きなおす際も、「✓」を消してあらたに音符を書きなおすのではなく、「✓」の上に書き足すようにする。また、音符のたま（符頭）のサイズは一般に市販されている印刷楽譜のような大きさではなく、その半分くらいのサイズがよい。手書きの場合、符頭を印刷楽譜のような大きさで書くと時間がかかるうえ、高さが判別しにくくなるからだ。

コツ④　「✓」だけでなく、アウトラインを併用する。

　テンポが速かったり、16分音符が並ぶような課題の場合、「✓」でも書くスピードが間に合わないことがある。そういう場合は「✓」ではなく、薄くアウトラインを書く。

　このようにアウトラインを書いておけば、あとからでも音の動きがわかる。次の演奏が はじまるまでの30秒で、次のように書きなおせばいい。このとき、アウトラインは消しゴムで消さなくてよい。そのためにもアウトラインは薄く書いておこう。

> **POINT**
> 演奏中はメモ程度に五線上に印をつけるだけ。次の演奏までの30秒間に音符を書く。

コツ⑤ 音が聞こえている間は、前の音を振り返って考えない。

　迷った音があっても、それを考え続けてはダメだ。演奏はどんどん先に進むから、意識は常に聞こえている音に向けなければならない。振り返って「今の音はドかな、レかな」などと考えてしまうと、その間に聞こえていた音は意識の外となってしまう。
　「そうはいっても前の音がわからなかったら次の音がわからないよ！」といいたくなると思うが、そこで重要となってくるのが コツ②の "1回めの通し演奏で各小節の最初の音を聴き逃さないようにする" だ。これをきちんとやっておけば、途中でわからない音があったとしても、次の小節の頭からは復活できる。

 コツ⑥ 消しゴムはなるべく使わない。

　音が聞こえている間は、消しゴムを絶対に使ってはいけない。これまでのコツを考えれば理由は明白だ。消しゴムでゴシゴシしている間、音は聞いていないことになるからだ。また、間の30秒であってもなるべく消しゴムは使わないようにする。「♪」を軽くサッと書いたり、アウトラインを薄く書いておけば、消しゴムで消さなくても書き上げることが可能だ。聴音をしている間はとにかく音に集中する。聴くこと以外の動作はなるべく必要最小限にするのだ。

 コツ⑦ 記憶する。

　音を記憶してしまえば、頭のなかで何回も繰り返し聴くことができる。とはいっても、8小節丸ごと全部を覚えることはなかなかできるものではない。8小節のなかの難しそうな箇所だけを覚えるようにするとよい。

 コツ⑧ 主音が持つ安定感を利用する。

　スケールのなかの主音は安定感を与える性質を持っている。Cメジャーの曲ならば"ド"がそれに当たり、聴音課題000では⬇の音が主音だ（次ページ譜例参照）。

予備練習 | 第1章 聴音をやってみよう

　主音（↓）が聞こえたところで演奏を停止すると、途中でも曲が終わった感じがする。しかし、主音以外のところで停止すると終わらない感じ、半端な感じがする。主音、ここでは"ド"の持つ安定感はこのような効果をもたらす。
　この特徴をキャッチすれば"ド"を聴き逃すことがなくなり、また、その前後の音も"ド"から類推することができるようになる。

　最後にもう1つ。"数をこなす"これが重要だ。
　なんといってもこの"数をこなす"が上達には欠かせない。本書でも多くの課題を用意したので、ぜひ全曲トライしてもらいたい。そうするなかで、音に対する注意力が養われ、耳コピに強い耳を作ることになるのだ。

> **POINT**
> 聴音の一番のコツは、なんといっても「数をこなすこと」。

　次からは、実際の聴音課題となる。注意点を書き入れてある課題や、解答欄に重要なポイントを書いた課題もある。これらをしっかり読んでいただいて、特に解答欄のポイントについては、必要に応じて課題を聴きなおして実際に確認しよう。

3 基本の課題①
聴音課題 001 〜 010

　聴音課題001から010までの10題はやさしい課題ばかりを集めた。15ページで説明した演奏回数に至る前に楽譜を完成させることができるかもしれない。このようなやさしい課題のうちから、左手で拍を刻む、1拍めをしっかり聴き取る、「╱」で書く、アウトラインを使う、振り返らない、消しゴムは使わない、記憶する、主音の安定感をキャッチするの8つのコツをしっかり身につけて自然とそれらができるようになっておけば、難易度の上がった課題でもあわてなくてすむ。

　また、楽譜を書くのが苦手な人は、これらのやさしい課題でしっかりと基本を身につけよう。

> 聴音課題は下記ページにアップされています。
> https://www.stylenote.co.jp/0169

　自分で五線を用意する場合は、再生をはじめる前にト音記号、拍子記号、小節線を書いて準備しておく。

予備練習 | 第1章 聴音をやってみよう

聴音課題001

聴いてみよう

➡ 解答は26ページ

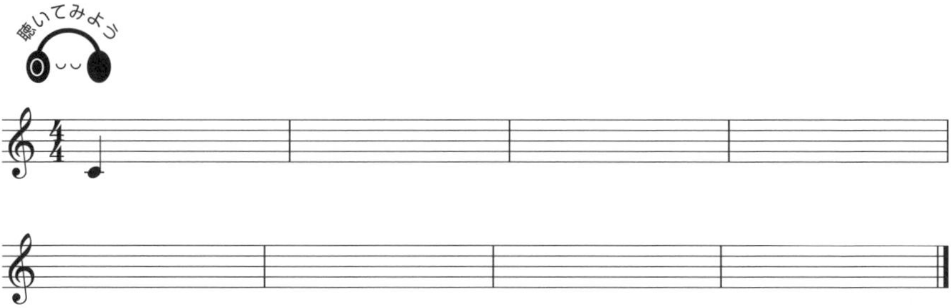

聴音課題002

聴いてみよう

➡ 解答は26ページ

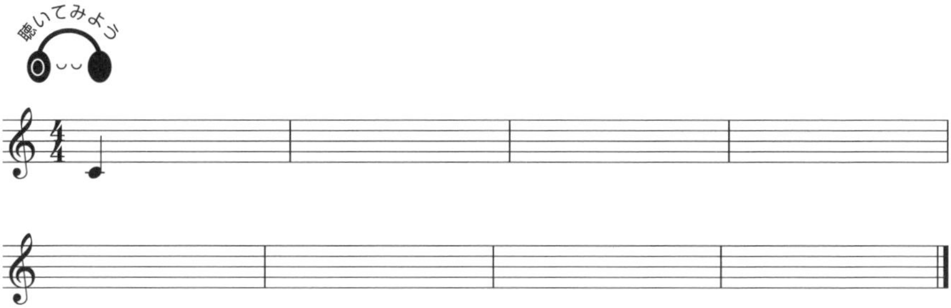

聴音課題003

聴いてみよう

➡ 解答は26ページ

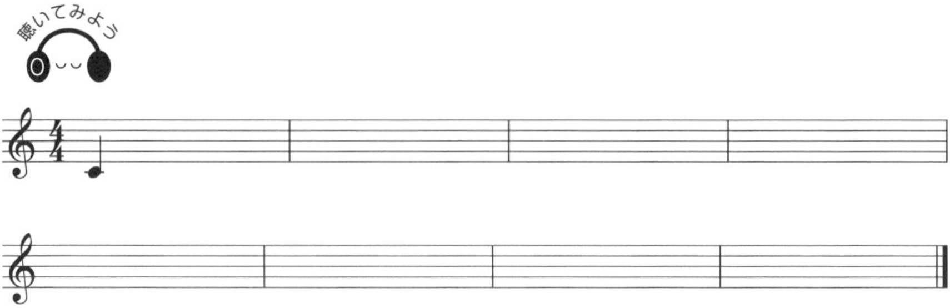

3　基本の課題①　聴音課題 001〜010

聴音課題 004

➡解答は26ページ

聴音課題 005

➡解答は26ページ

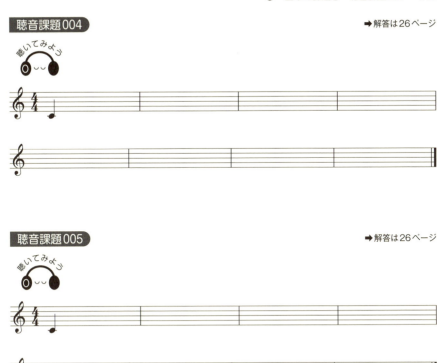

予備練習 | 第1章 聴音をやってみよう

聴音課題006
→解答は27ページ

　聴音課題000〜005までは同じリズム（♩♩♩♩｜♩　♩）でできていた。この課題からはリズムが異なり、音符の数が少し増える。わからない音があると、その音が何だったのかをつい考えてしまうが、演奏中は振り返らずに今聞こえている音に集中しよう。

聴音課題007
→解答は27ページ

聴音課題008
→解答は27ページ

予備練習 ｜ 第1章　聴音をやってみよう

主音が聞こえたときの安定感を
しっかり体感しよう

曲の最後でなくても主音は安定した感じに聞こえる。

予備練習 | 第1章 聴音をやってみよう

4 基本の課題②
聴音課題 011〜020

　ここからは使う音域、リズムが多様になって難易度が上がる。ここでも引き続き16ページの8つのコツを念頭に置きながら楽譜を書こう。

聴音課題011　　　　　　　　　　　　　　　　　➡ 解答は32ページ

聴音課題012　　　　　　　　　　　　　　　　　➡ 解答は32ページ

聴音課題013

➡ 解答は32ページ

聴音課題014

➡ 解答は32ページ

　この課題から、さらに使用音域が広くなり、1オクターブ上のドやその上のレなども含まれるようになる。

聴音課題015

➡ 解答は32ページ

矢印で示した部分の音の長さをよく聴き取ろう。

予備練習 | 第1章 聴音をやってみよう

聴音課題016
➡ 解答は33ページ

矢印で示した部分の音の長さをよく聴き取ろう。

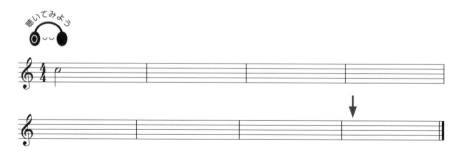

聴音課題017
➡ 解答は33ページ

矢印で示した部分の音の長さをよく聴き取ろう。

音の長さに敏感になることは、単に聴音の正解率を上げることにとどまらない。音の長さによってメロディのニュアンスが変わることになる。たとえばこれがベースであれば曲の"ノリ"が変わることにもなる。

> **POINT**
> 微妙な音の長さによって、メロディのニュアンスが変わる。

4 基本の課題② 聴音課題 011〜020

聴音課題018
➡解答は33ページ

聴音課題019
➡解答は33ページ

聴音課題020
➡解答は33ページ

付点2分音符 ♩. の書き方に慣れよう。

予備練習 ｜ 第1章　聴音をやってみよう

5　8分音符を使った課題
聴音課題 021 〜 030

　ここからは8分音符を使った課題。音の数が多くなるので、コツ④のアウトラインを書く手法を多用するとよい。

聴音課題021　　　　　　　　　　　　　　　　　　　　　➡解答は38ページ

　♩♫♩♫のリズムを多用した曲。音がたくさんあってもあわてずに、左手でテンポをキープしよう（コツ①）。

聴音課題022　　　　　　　　　　　　　　　　　　　　　➡解答は38ページ

5　8分音符を使った課題　聴音課題 021〜030

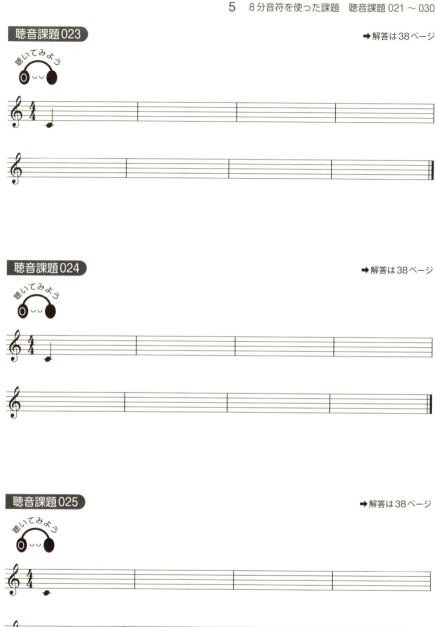

予備練習 | 第1章 聴音をやってみよう

聴音課題026

➡解答は39ページ

のリズムを多用した曲。

聴音課題027

➡解答は39ページ

ここまで休符は8小節めにしかなかったが、ここからの課題では、途中の小節にも休符が出てくる。

5 8分音符を使った課題 聴音課題 021〜030

聴音課題028
➡解答は39ページ

のリズムを多用した曲。

聴音課題029
➡解答は39ページ

これまでのさまざまなリズムを用いた曲。

聴音課題030
➡解答は39ページ

シンコペーション のリズムを伴った課題。

予備練習 | 第1章 聴音をやってみよう

6 応用課題
聴音課題 031 〜 050

　これまでのさまざまな要素が組み合わされ、使う音域も拡大している。新たなリズムも加わった、難易度の高い課題だ。
　また、**聴音課題041**からは楽器を使って音を確認してもOKだ。

聴音課題031
音の長さに注意しよう。

➡解答は48ページ

聴音課題032

➡解答は48ページ

40

聴音課題033

➡ 解答は48ページ

付点4分音符 ♩. の書き方に慣れよう。

聴音課題034

➡ 解答は48ページ

休符が絡んだ複雑なリズムとなっている。特に6小節め、8小節めはしっかり聴き取ろう。 コツ①の左手でテンポをキープすることを忘れないように。

聴音課題035

➡ 解答は49ページ

音の高さは簡単な曲だが、リズムが前の曲よりかなり難しくなっている。左手でテンポをしっかりキープしながら、リズムに集中して取り組もう。

聴音課題036

➡解答は49ページ

前半4小節と、後半4小節は、音の高さはほぼ同じだが、音の長さが違っている。

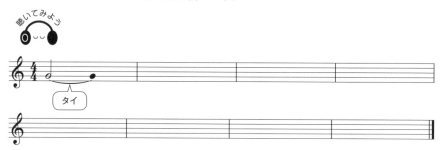

聴音課題037

➡解答は49ページ

タイ[注1]を使ったリズムの書き方に慣れよう。

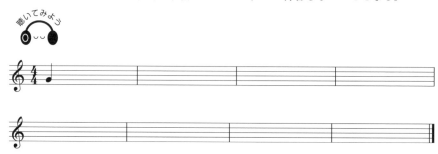

聴音課題038

➡解答は49ページ

4拍めの4分音符と次の小節の1拍めの4分音符をタイで結んだリズムが多用されている。結果的に1拍め（左手の親指のタイミング）では打音しないこととなる。

注1 【タイ】2つ以上の同じ高さの音を結んで1つの音符として演奏する。

聴音課題039

➡解答は49ページ

さまざまなリズムが出てくる。タイも使われている。

聴音課題040

➡解答は50ページ

シンコペーション（**聴音課題030**〔37ページ〕参照）が連続した課題。聞こえる音につられないように、左手でしっかりテンポをキープしよう。

聴音課題041

➡解答は50ページ

かなり難しい課題だ。これまでは楽器を使わずに聴音をしてきたが、この課題からは楽器を使って音を確認してもよい。しかし、課題の演奏中は音を出さず、演奏と演奏の間の30秒で音を確認する程度に使おう。

予備練習 ｜ 第1章　聴音をやってみよう

聴音課題042　　　　　　　　　　　　　　　　　　　　　　➡ 解答は50ページ

聴音課題043　　　　　　　　　　　　　　　　　　　　　　➡ 解答は50ページ

　1オクターブ上に音が跳んだときの感覚を身につける課題。1小節めはドーレ、2小節めはミーファと推移していて、オクターブの移動がなければ難しいメロディではない。

聴音課題044　　　　　　　　　　　　　　　　　　　　　　➡ 解答は50ページ

　3連符 のリズムを多く含んだ課題。

6 応用課題 聴音課題 031〜050

聴音課題045

➡解答は51ページ

聴音課題046

➡解答は51ページ

16分音符のリズムを多く含んだ課題。ドレミファソ、ソファミレドの2つのフレーズが何回も出てくる。音がたくさんあるので、コツ④のアウトラインで書く方法を利用する。

聴音課題047

➡解答は51ページ

この課題も16分音符がたくさん使われている。ドレミファソラシド、ドシラソファミレドの2つのフレーズが何回も出てくる。

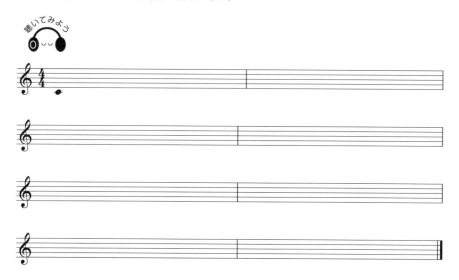

次ページの**聴音課題048、049**はシ、ド、レ、ミ、ファまで、**聴音課題050**はド、レ、ミ、ファ、ソまでの5つの音しか出てこない。また、ほとんどが隣の音へ順に進行している(「順次進行」という。53ページ**注1**も参照)ので、音程はそれほど難しい曲ではない。それなのに難しく聞こえるのは、さまざまなリズムが出てくること、また音の数が多いことが原因となっている。この3つの課題があまり難しくない場合は、これまでの課題で楽譜の書き方や、音の動きにかなりなれたといえる。それとは逆に、難しく感じた場合は、**聴音課題021**へ戻ってもう一度やりなおしてみたほうがよい。一度実施した課題をもう一度実施することは、聴音の場合、大きな効果がある。一度実施したメロディは、頭のどこかに残っているもの。それを追体験することでメロディと音とがしっかりと結びつき、それが今後の大きな糧になる。

聴音課題048

➡解答は52ページ

♪のように、8分音符と16分音符が組み合わされたリズムを多く含んだ課題。

聴音課題049

➡解答は52ページ

聴音課題048と同じく8分音符と16分音符が組み合わされたリズムだが、♪のように組み合わせ方が異なる。

聴音課題050

➡解答は52ページ

付点8分音符と16分音符が組み合わされたリズム♪を多く含んだ課題。

7 跳躍進行を含む課題
聴音課題 051～070

これまでの課題は順次進行^{注1}が多かったが、ここからは跳躍進行^{注2}を多く含んだ課題となっている。跳躍進行は、順次進行に比べて難易度が上がる。

聴音課題051
➡解答は61ページ

跳躍するといっても何の脈絡もなく跳躍することはなく、特殊な曲を除けばそのときのコードトーンへ跳躍することが多い。バンド曲の耳コピでは通常最初にドラム、次にベース……とコピーをはじめる。ベースがコピーできた時点でおよそのコードがわかるので、それが跳躍進行を聴き取る際の大きなヒントになる。

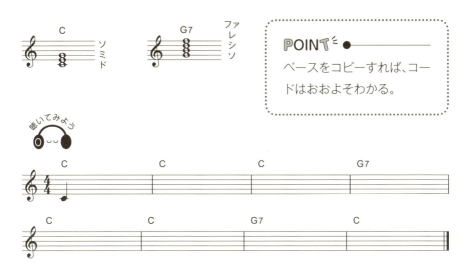

POINT
ベースをコピーすれば、コードはおおよそわかる。

注1 【順次進行】たとえば"ド"の次は"レ"か"シ"のように隣り合った音へ進むこと。
注2 【跳躍進行】順次進行より離れた音へ進むこと。"ド"を例にすれば、すぐ上の"レ"を超えて"ミ、ファ……"、あるいはすぐ下の"シ"を超えて"ラ、ソ……"などに進むこと。

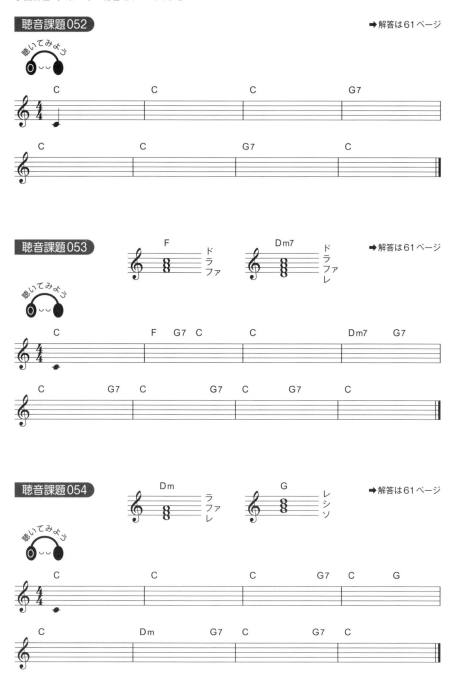

聴音課題055

➡解答は62ページ

聴音課題056

➡解答は62ページ

ここからはコードネームを記していないが、主に跳躍進行のメロディは、コードを予測しながら聴いてみるとよい。

聴音課題057

➡解答は62ページ

聴音課題058　　　　　　　　　　　　　　　　　　　　➡ 解答は62ページ

　1小節4拍めの音は、聴き取りが難しい。しかし次の2小節めの音がわかればそこから推測できる。たくさんの楽器が鳴っている実際の耳コピでも、ほかの楽器に埋もれて聴き取りにくい音は、その前後のしっかり聞こえる音と比較するとわかることが多い。

聴音課題059　　　　　　　　　　　　　　　　　　　　➡ 解答は62ページ

　ここからの3曲はリズムは単純なのですぐにわかるだろう。音程に注意を向けよう。

聴音課題060　　　　　　　　　　　　　　　　　　　　➡ 解答は63ページ

7 跳躍進行を含む課題 聴音課題 051〜070

聴音課題061

➡ 解答は63ページ

聴音課題062

➡ 解答は63ページ

次の**聴音課題063**とともに、さまざまなリズム、音程を持った総合的な課題。

聴音課題063

➡ 解答は63ページ

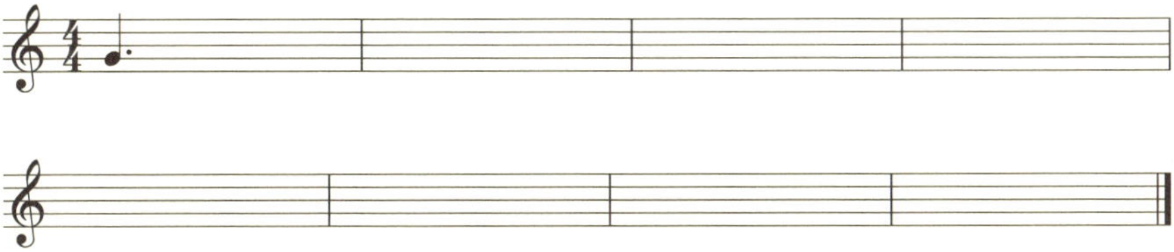

予備練習 ｜ 第1章　聴音をやってみよう

聴音課題064　　　　　　　　　　　　　　　　　　　➡解答は64ページ

16分音符を多く含んだ総合的な課題。

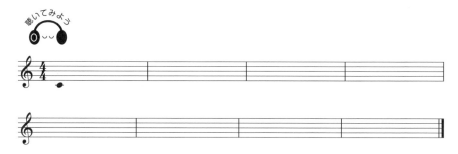

聴音課題065　　　　　　　　　　　　　　　　　　　➡解答は64ページ

前の課題に続き16分音符を多く含んだ総合的な課題だが、メロディがパターン化された曲だ。1小節めのメロディ・パターンAが2、3、4小節めに繰り返され、5小節めに現れる新たなパターンBが6、7、8小節めで繰り返される。

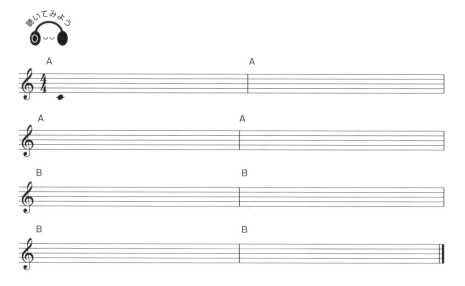

聴音課題066

➡解答は64ページ

ここからの5題はかなり難しい課題だ。楽器を使って音を確認しながら、あるいはファイルを繰り返し聴いて課題をこなしてほしい。

聴音課題067

➡解答は64ページ

聴音課題068

➡解答は65ページ

予備練習 ｜ 第1章　聴音をやってみよう

聴音課題069　　　　　　　　　　　　　　　　　　　　　➡ 解答は65ページ

聴音課題070　　　　　　　　　　　　　　　　　　　　　➡ 解答は65ページ

7 跳躍進行を含む課題　聴音課題 051〜070

解答　聴音課題051　跳躍進行■■は、いずれもコードトーン。───は順次進行なので、コードトーンではない音へも進行する

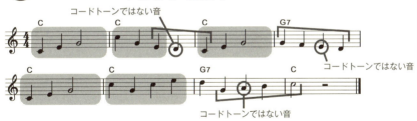

解答　聴音課題052

解答　聴音課題053　この曲にコードをつけると楽譜のようになる（ほかにも可能性がある）。和音が鳴っていなくても、メロディだけでコードが変わっていく感じがすると思う。たとえば2小節めに入った瞬間、また同じ2小節めの3拍めに入った瞬間など、曲の色合いが変わったように聞こえる（文字で表現するのは難しいが……）。この色合いが変わる瞬間をキャッチできるかどうかが、耳コピにはとても大切で、作曲やアレンジをする際にもこの感覚が役立つはずだ。

解答　聴音課題054

7　跳躍進行を含む課題　聴音課題 051 〜 070

予備練習 | 第1章　聴音をやってみよう

8 臨時記号を含む課題
聴音課題 071〜090

♯や♭、あるいは♮などの臨時記号を含んだ課題だ。

臨時記号はスケール以外の音が必要なときに用いられる。

たとえばCメジャーの曲であれば、スケールのドレミファソラシ以外のC♯（D♭）、D♯（E♭）、F♯（G♭）、G♯（A♭）、A♯（B♭）を表すときに用いる。C♯とD♭は鍵盤上では同じ音を示すが、厳密には用いられ方によって区別される。本書「M06　ベース・パート」の項（141ページ〜）でもそのことに触れているが、詳しくは音楽理論書を読んでほしい。

これらの臨時記号は同じ小節内の音に限り有効で、小節を超えた音には効果を及ぼさない。また、同じ小節内であっても、オクターブが違う音には効果を及ぼさない。

スケールの音以外の音が聞こえたときの空気感を感じ取るように聴音すると、耳コピにもとても役に立つ。

> **POINT**
> スケール以外の音が聞こえたときの空気感を覚えよう。

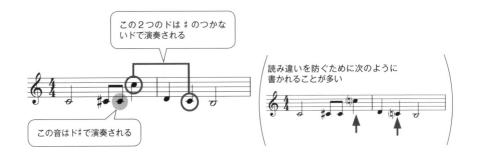

8 臨時記号を含む課題　聴音課題 071 〜 090

聴音課題 071
➡ 解答は 74 ページ

聴音課題 072
➡ 解答は 74 ページ

聴音課題 073
➡ 解答は 74 ページ

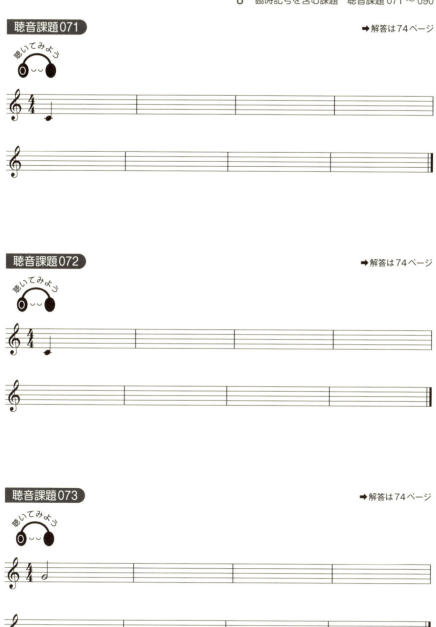

予備練習 ｜ 第1章　聴音をやってみよう

聴音課題074　　　　　　　　　　　　　　　　　　　　　　　➡ 解答は75ページ

聴音課題075　　　　　　　　　　　　　　　　　　　　　　　➡ 解答は75ページ

聴音課題076　　　　　　　　　　　　　　　　　　　　　　　➡ 解答は75ページ

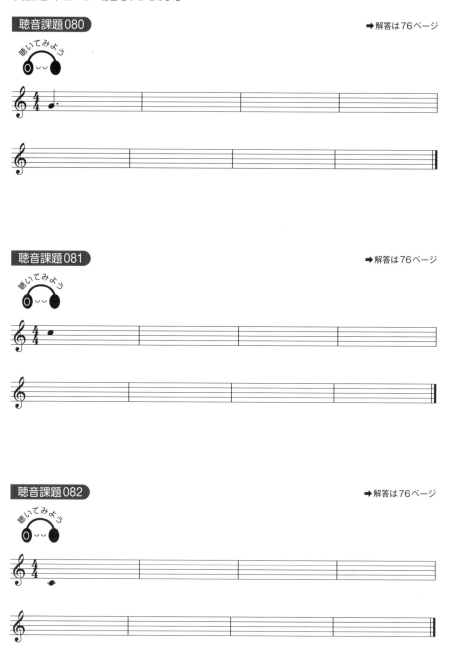

8 臨時記号を含む課題 聴音課題 071～090

聴音課題083

➡ 解答は76ページ

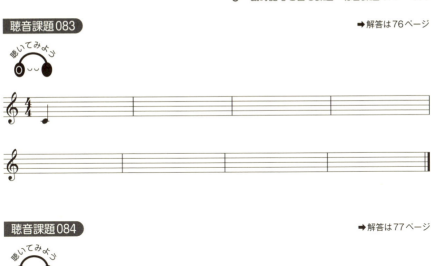

聴音課題084

➡ 解答は77ページ

聴音課題085

➡ 解答は77ページ

コードトーンをアルペジオで演奏している課題。

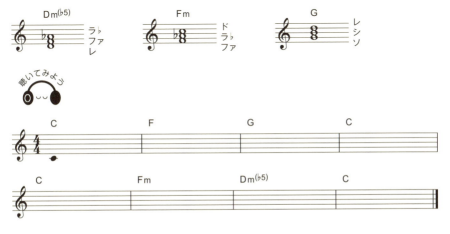

予備練習 | 第1章 聴音をやってみよう

聴音課題086 　　　　　　　　　　　　　　　　　　　　　➡ 解答は77ページ

　ここからはかなり難しい課題が続く。課題065（58ページ）のようにパターン化された部分もあるので、それをキャッチするように課題に取り組もう。

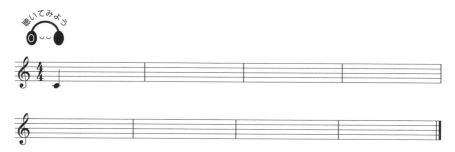

聴音課題087 　　　　　　　　　　　　　　　　　　　　　➡ 解答は77ページ

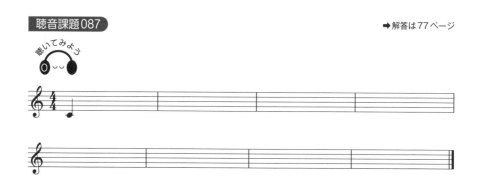

聴音課題088 　　　　　　　　　　　　　　　　　　　　　➡ 解答は77ページ

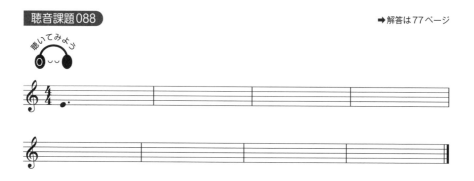

聴音課題089

➡解答は78ページ

4小節めの頭から5小節めの頭にかけて半音階が続く。半音階が聞こえたときの雰囲気を覚えてほしい。また、このような半音が続くフレーズでは、1つひとつの音を聴き分けるのではなく、両端の音を聴き取って間を埋めていくようにするとよい。

> **POINT**
> 音が上へ（あるいは下へ）連続して並んでいるときは、両端の音を聴き取ってから間を埋める。

聴音課題090

➡解答は78ページ

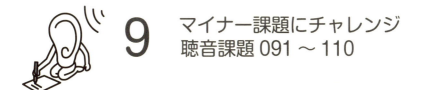

9 マイナー課題にチャレンジ
聴音課題 091〜110

　マイナー（短調）の曲でも聴音をやってみよう。16ページの8つのコツはもちろんそのまま使える。ただし、1つだけ注意すべき点がある。それは、スケール（音階）の7番めの音が半音上がることが多いということだ。

　たとえば、Aマイナーの曲では楽譜のように7番めの"ソ"の音が半音上がって"ソ♯"となることが多い。

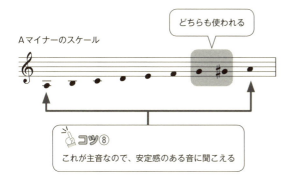

　課題のなかでも、ソを半音上げた部分と上げていない部分とを混ぜているので、その違いをしっかり聴き分けよう。

予備練習 | 第1章 聴音をやってみよう

聴音課題091 ➡ 解答は87ページ

　ここからは、最初の音の高さだけを提示している。左手のカウントを頼りに、しっかりと聴き取ろう。

聴音課題092 ➡ 解答は87ページ

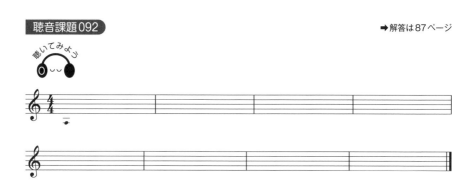

聴音課題093 ➡ 解答は87ページ

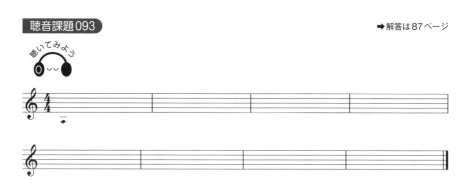

9 マイナー課題にチャレンジ 聴音課題 091〜110

聴音課題094
➡ 解答は87ページ

聴音課題095
➡ 解答は87ページ

聴音課題096
➡ 解答は88ページ

♫♫ の音型が何度も出てくる。同じ音型を繰り返し聴くことで、その音型がしっかりと聴き取れるようになる。

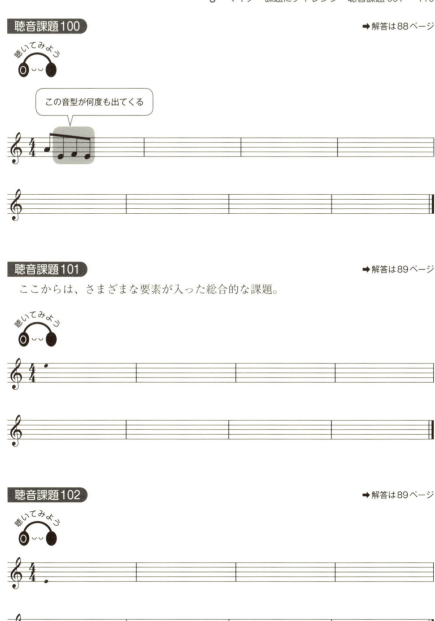

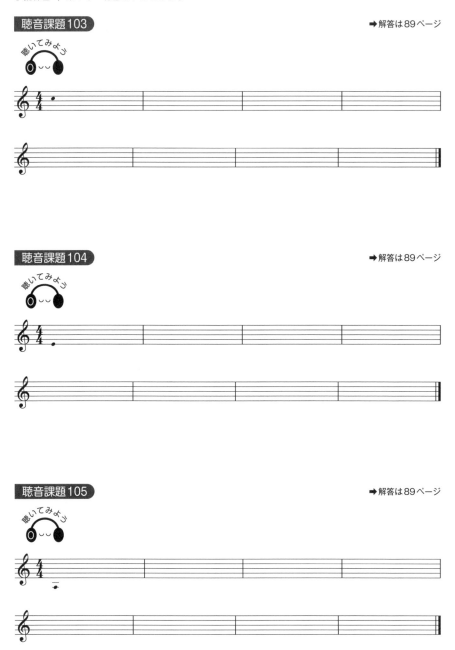

9 マイナー課題にチャレンジ 聴音課題 091〜110

聴音課題106
➡ 解答は90ページ

6小節4拍めの音は難しい。次の音がわかればそこから推測できる。

聴音課題107
➡ 解答は90ページ

聴音課題108
➡ 解答は90ページ

予備練習 ｜ 第1章　聴音をやってみよう

聴音課題109　　　　　　　　　　　　　　　　　　　　　　　　　　➡解答は90ページ

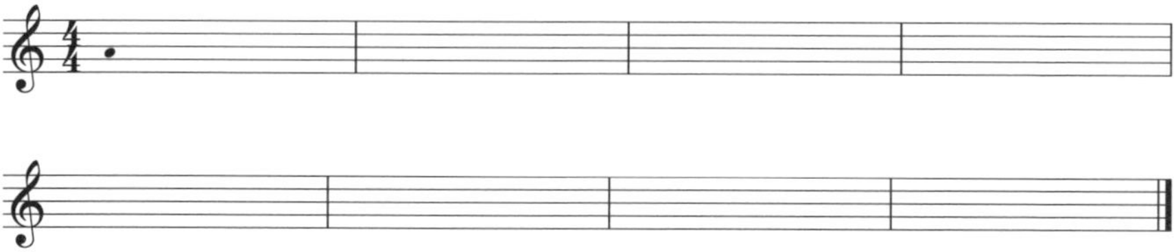

聴いてみよう

聴音課題110　　　　　　　　　　　　　　　　　　　　　　　　　　➡解答は90ページ

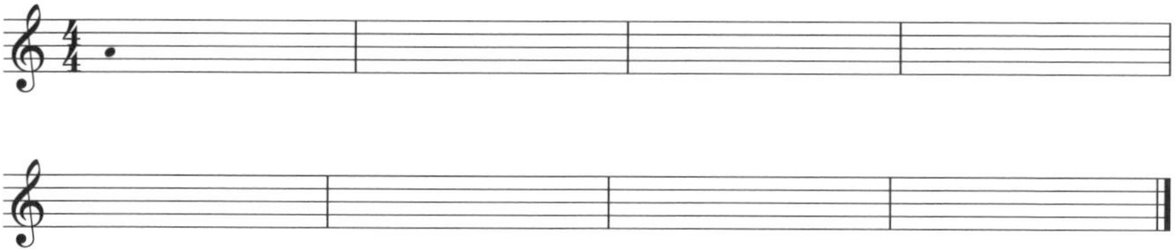

聴いてみよう

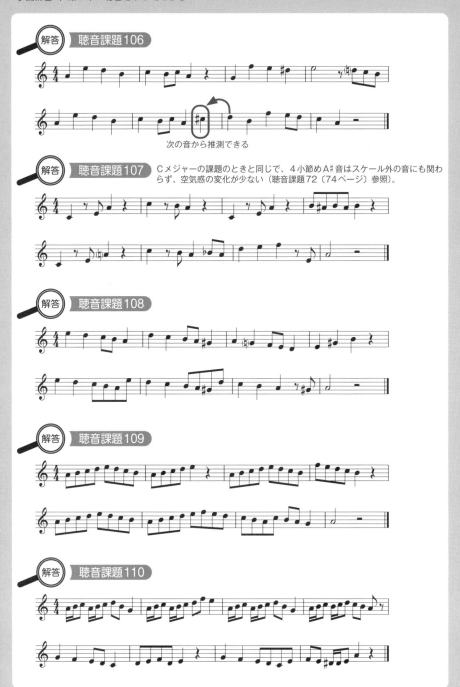

10 Cメジャー、Aマイナー以外 聴音課題 111〜150

　本書はここまでCメジャーとAマイナーの曲で聴音課題を実施してきた。キーにはこのほかにもFメジャー、Gメジャー、Dマイナー、Eマイナーなど多くのものが存在するのはご存知だろう。ここでそれら他のキーの聴音課題にも挑んでもらうが、Cメジャーの曲をしっかり取れるようになってから他のキーに挑戦するほうが混乱せずにすむと思う。ここまでの課題で間違いが大体10パーセント以下であれば、聴音ができるようになったといっていいと思う。しかし、それ以上の間違いがある場合は、もう一度前の課題に戻って、ここまでの課題をしっかりこなせるようになってから、他のキーに挑戦しよう。

※それぞれのキーの1題めは、28ページ聴音課題011と同じメロディを各キーへ移動した課題となっている。

Gメジャー

　まずは、Gメジャーの課題を5題。安定感のある主音はG音だ。

聴音課題111　　　　　　　　　　　　　　　　　➡解答は106ページ

予備練習 | 第1章　聴音をやってみよう

聴音課題112

➡ 解答は106ページ

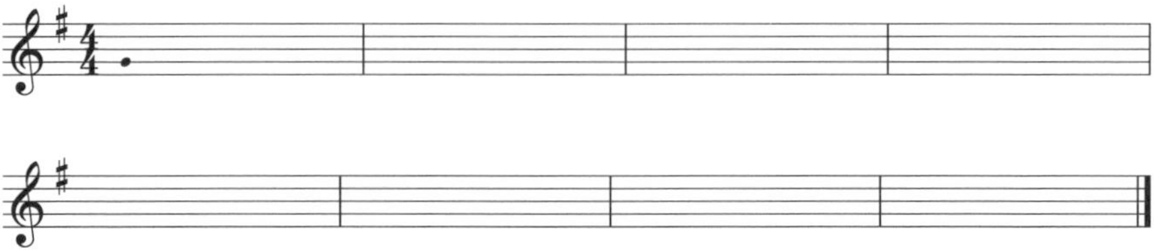

聴音課題113

➡ 解答は106ページ

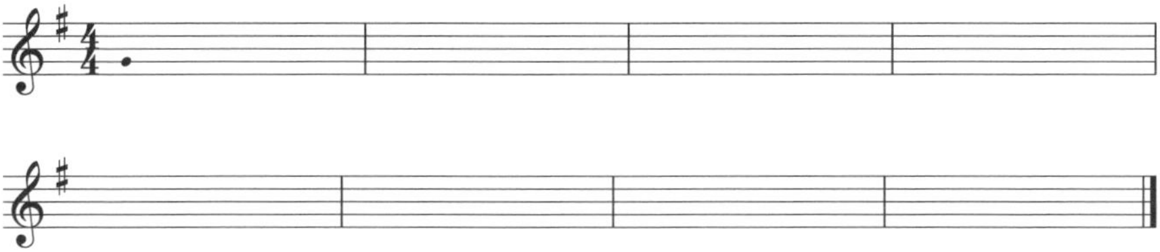

聴音課題114

➡ 解答は106ページ

跳躍進行を多く使った難しい課題だ。

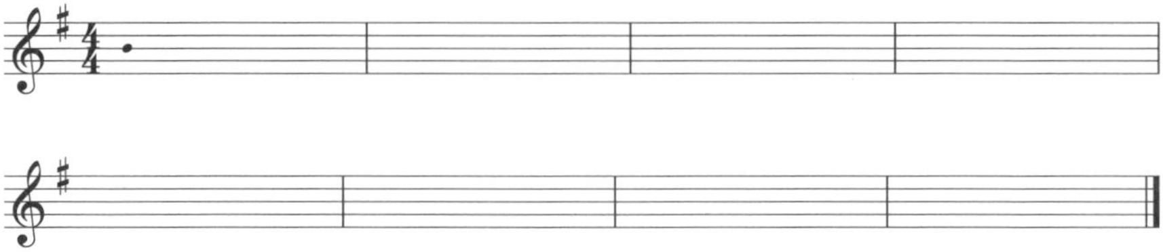

聴音課題115

臨時記号が用いられた課題。

Fメジャー

次の5題はFメジャー。安定感のある主音はF音だ。

聴音課題116

聴音課題117

予備練習 | 第1章　聴音をやってみよう

聴音課題118

➡ 解答は107ページ

聴音課題119

➡ 解答は107ページ

聴音課題120

➡ 解答は107ページ

　4分音符と8分音符だけしか使われていないのでリズムはやさしいが、音の高さがつかみにくい曲だ。安定感のある主音、F音を探すように聴こう。

10　Cメジャー、Aマイナー以外　聴音課題111〜150

Dメジャー

次の5題はDメジャー。安定感のある主音はD音だ。

聴音課題121　　　　　　　　　　　　　　　　　　➡ 解答は108ページ

聴音課題122　　　　　　　　　　　　　　　　　　➡ 解答は108ページ

予備練習 | 第1章 聴音をやってみよう

聴音課題123

➡ 解答は108ページ

コードネームをヒントに、跳躍進行を聴き取ろう。

聴音課題124

➡ 解答は108ページ

聴音課題125

➡ 解答は108ページ

長い休符があっても、左手でしっかりリズムキープしよう。

10　Cメジャー、Aマイナー以外　聴音課題111〜150

Aメジャー

次の5題はAメジャー。安定感のある主音はA音だ。

聴音課題126

➡解答は109ページ

聴音課題127

➡解答は109ページ

聴音課題128

➡解答は109ページ

3連符やタイを含んだ課題だ。リズムをしっかり聴き取ろう。

聴音課題129

➡ 解答は109ページ

16分音符を多く使った課題だ。聴音のコツ④のアウトラインを使おう。音符は、演奏と演奏の間の30秒で書くようにするとよい。

聴音課題130

➡ 解答は110ページ

のリズムを多用した課題。

10　Cメジャー、Aマイナー以外　聴音課題 111〜150

Dマイナー

ここからはマイナーの課題。まずはDマイナーを5題。安定感のある主音はD音だ。

聴音課題131

➡ 解答は110ページ

聴音課題132

➡ 解答は110ページ

聴音課題133

➡ 解答は110ページ

コードネームをヒントに、跳躍進行を聴き取ろう。

聴音課題134

➡ 解答は111ページ

聴音課題135

➡ 解答は111ページ

一定のリズムが繰り返されるという特徴を持った課題だ。聴音においても耳コピにおいても、曲の特徴を早くつかむことが重要となる。

Gマイナー

次の5題はGマイナー。安定感のある主音はG音だ。

聴音課題136

➡ 解答は111ページ

10 　Ｃメジャー、Ａマイナー以外　聴音課題111〜150

聴音課題137

➡ 解答は111ページ

聴音課題138

リズムは単純だが、音の高さがわかりにくい課題だ。　　　➡ 解答は111ページ

聴音課題139

➡ 解答は112ページ

聴音課題140

➡ 解答は112ページ

アルペジオ（分散和音）の課題だ。コードネームがヒントになるだろう（解答用の五線は次ページ）。

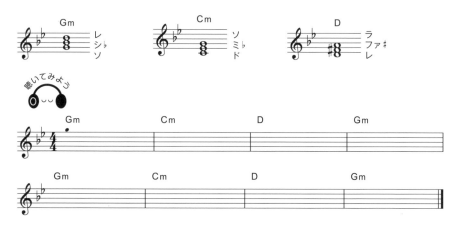

Eマイナー

次の5題はEマイナー。安定感のある主音はE音だ。

聴音課題141　　　　　　　　　　　　　　　→ 解答は112ページ

聴音課題142　　　　　　　　　　　　　　　→ 解答は112ページ

10　Cメジャー、Aマイナー以外　聴音課題111〜150

聴音課題143

➡解答は112ページ

聴音課題144

➡解答は113ページ

さまざまなリズムを用いた課題だ。

聴音課題145

➡解答は113ページ

予備練習 | 第1章 聴音をやってみよう

Cマイナー

次の5題はCマイナー。安定感のある主音はC音だ。

聴音課題146

➡ 解答は113ページ

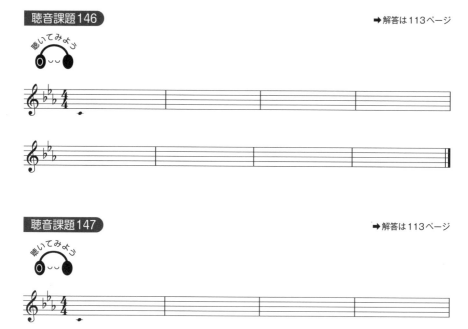

聴音課題147

➡ 解答は113ページ

聴音課題148

➡ 解答は114ページ

コードネームをヒントに聴音しよう。

10　Cメジャー、Aマイナー以外　聴音課題 111～150

聴音課題149

➡解答は114ページ

音数の多い課題だ。聴音のコツ④のアウトラインを使うとよい。

聴音課題150

➡解答は114ページ

音の高さを聴き取るのが難しい課題だ。

Dメジャー

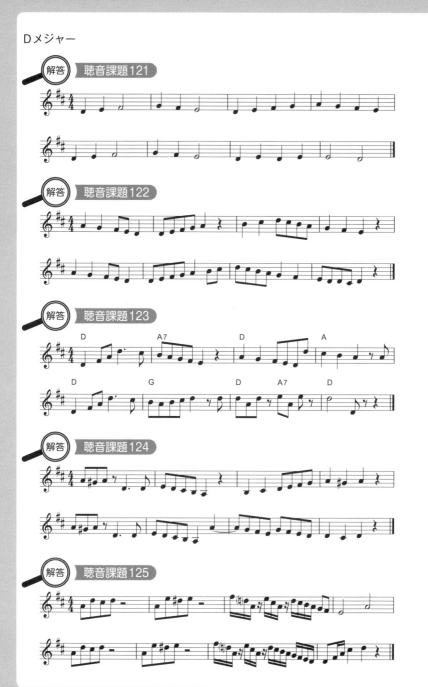

Dマイナー

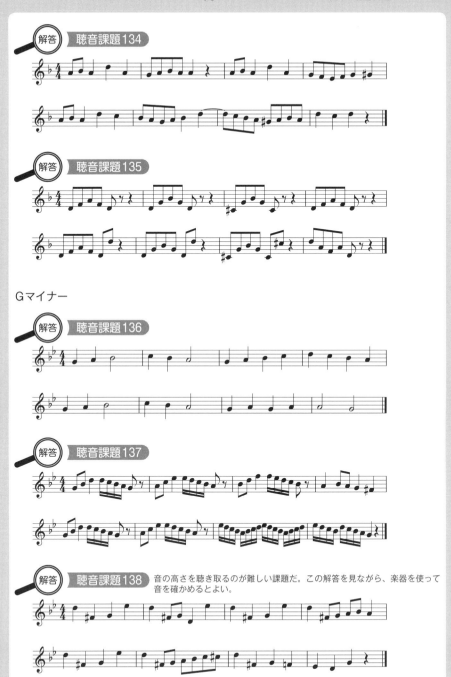

予備練習 | 第1章 聴音をやってみよう

Eマイナー

10 Cメジャー、Aマイナー以外 聴音課題 111～150

聴音課題144

聴音課題145

Cマイナー

聴音課題146

聴音課題147

バンド耳コピの実際

耳コピをはじめる前に

1 課題曲について

　いよいよバンド曲の耳コピだ。本書が目標としている耳コピは、単にコードネームを見つけるとか、メロディを聴き取るというようなレベルではない。すべての楽器のすべての音の動きを完全に聴き取る、いわゆる"完コピ"だ。1つひとつの楽器ごとにていねいに耳コピをしていく。

　耳コピする楽器の順番に決まりはないが、概ね音域の低いサウンドを作っているパートから耳コピしていくのが通常だ。だからドラムかベースからはじめて、コードワークを中心としたギターやキーボード、最後にメロディやソロ楽器といった順番になる。最初にメロディを耳コピしたほうがやりやすければそれも1つの方法だが、本書ではベースの耳コピ（第2章）の説明・実践からはじめ、ドラムはそのあとの第3章で、ギター、キーボードはそれに続く第4章、第5章で説明している。

　用意した曲はM01〜M30までの30曲。ほとんどの曲がCメジャーキーで、1曲だけがAマイナーキーだ（M25）。楽器編成は次ページ表のとおり。
　たとえば、**M01**はDrums、Bass、E-Piano（エレクトリックピアノ）、A-Guitar（アコースティックギター）、E-Guitar（エレクトリックギター）、Piano（ピアノ）の6パートでできていることを表している。
　楽器ごとに**M01**から**M30**まで順番に耳コピをしていく。概ね番号の若いほうがやさしい曲となっているが、パートによって難易度は多少前後している。
　また、すべての曲は耳コピ用に書き下ろしたものであり、若干のリバーブ、ギター・ソロのディレイなど基本的なエフェクターを除けば、音圧上げも含めてオーディオ処理の類いは一切おこなっていない。そういった意味で、実際の曲よりは耳コピしやすいサウンドになっている。
　本書の曲で耳コピのコツをしっかりつかむことができれば、実際のさまざまな難しい曲に接しても、戸惑うことなく耳コピができるようになるだろう。

1　課題曲について

課題曲 M01 〜 M30 の楽器編成

	楽器名	M01〜M10	M11〜M15	M16、M17	M18	M19	M20
第5章	Melody（Piano）	●	●	●	●	●	●
第4章	E-Guitar	●	●		●	●	●
	A-Guitar	●	●		●		●
	OverDrive-Guitar		●				
	Chorus-Guitar			●			
第5章	E-Piano	●	●	●	●	●	●
第2章	Bass	●	●	●	●	●	●
第3章	Drums	●	●	●	●	●	●

	楽器名	M21〜M25
第4章	Melody（Guitar）	●
	Guitar-Left	●
	Guitar-Right	●
第5章	Piano	●
第2章	Bass	●
第3章	Drums	●

	楽器名	M26〜M30
第4章	Guitar-Center	●
	Guitar-Left	●
	Guitar-Right	●
第5章	Piano	●
第2章	Bass	●
第3章	Drums	●

E-Guitar＝エレクトリックギター
A-Guitar＝アコースティックギター
OverDrive-Guitar＝オーバードライブがかかったギター
Chorus-Guitar＝コーラスがかかったギター
Guitar-Center＝中央（Center）から聞こえるギター
Guitar-Left＝左（Left）から聞こえるギター
Guitar-Right＝右（Right）から聞こえるギター

※ メロディ・パートのオーディオファイル名は、「Melody-M（番号）」となる。
※ 楽譜では、メロディ・パートのパート名は「Melody」または「Guitar-Melody」と表記している。

オーディオファイルのダウンロードは以下のアドレスから。

オーディオファイルは下記ページにアップされています。
https://www.stylenote.co.jp/0169

ダウンロードしたファイル構成は次のとおりとなっている。
※□□には曲の番号が入る

All-M□□
　全部のパートがミックスされたファイル。主にこのファイルを使って耳コピをする。

楽器名-M□□
　楽器のソロ演奏が収録されたファイル。All-M□□では聴き取れない場合、このファイルを使って耳コピをする。フレーズがわかったら、All-M□□をもう一度聴きなおして、全体のサウンドのなかでその楽器がどのように聞こえるかを確認することが重要だ。

All-ExcSolo-M2□
　音量の大きいギター・ソロをミュートしたファイル。伴奏の細かい動きが聞こえるようになっている。All-M□□では聴き取れない場合、楽器ソロのファイルを使う前にこのファイルで耳コピをする。ギター・ソロを含むM21～M28にだけ用意した。

　［All］トラックとその他のトラックを同時に再生すると、思わぬ大きな音になるので注意しよう。

　すべてのファイルは44.1KHz 16bitステレオで用意した。ベースなど、モノラル仕様の素材についてもすべてステレオファイルにしてある。ファイルをお使いのDAWに読み込んでほしい[注1]。

注1　DAW（音楽ソフト）を使わずに音楽プレイヤーだけで耳コピすることも不可能ではないが、特に細かいところを聴き分けるときなど、DAWを使ったほうがやりやすい。むしろ必須といえる。本書でもDAWを使うことを前提に説明している。まだDAWを導入していない方は、無料のDAWもあるので、この機会にインストールして使ってみよう。

2 DAWへの課題曲ファイルの配置について

ダウンロードしたファイルは、曲の番号ごとに以下のようにDAWに読み込んでから第2章「ベースの耳コピ」に進んでほしい。すべて1回だけ演奏している。DAWを操作して繰り返し聴いたり、聴きたい場所だけを再生したりすればよい。耳コピするときは、[All]トラックをソロで再生するのが基本だが、聴き取りにくい場合など、必要に応じて各楽器のトラックを再生する。

M01〜M10の配置

M01からM10では、ダウンロードしたファイルを次のようにDAWに配置しよう。テンポはすべて♩=64。指定テンポを入力してから、ファイルを配置したほうがよい。

老舗DAWソフト"DigitalPerformer"にオーディオファイルを配置したときの画面

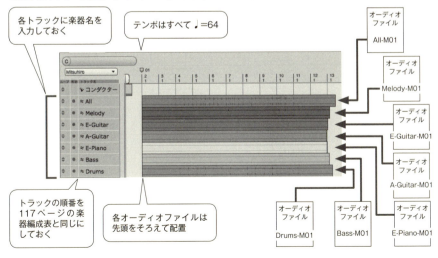

M01からM10は、各曲とも8小節。カウント（カッ、カッ、カッ、カッ）ののち、曲がスタートする。

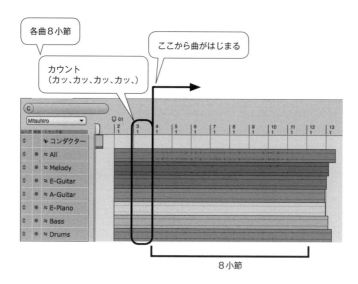

　解答を楽譜に書くのではなく、MIDI情報として入力する場合は、このようにトラックの順番を合わせたMIDIトラックも準備する。

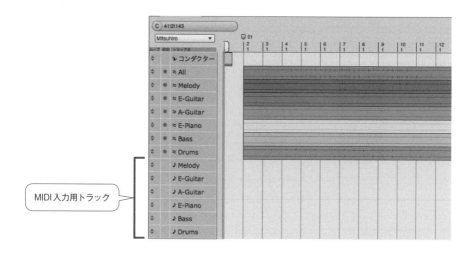

M11～M15の配置

配置の手順はM01～M10と同じ。M11～M15のテンポはすべて♩=100。各曲8小節。

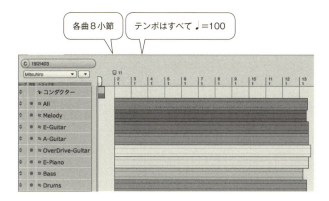

M16～M20の配置

配置の手順はM01～M10と同じ。M16～M20のテンポはすべて♩=64。各曲10小節。

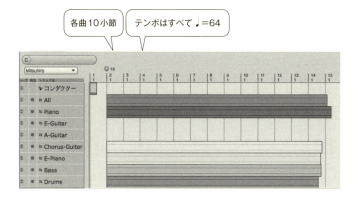

M21〜M25の配置

　配置の手順はM01〜M10と同じ。M21〜M25のテンポはすべて♩=100。各曲9小節。

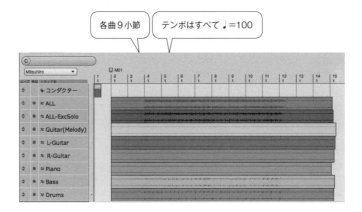

M26〜M28の配置

　配置の手順はM01〜M10と同じ。M26〜M28のテンポはすべて♩=116。各曲9小節。

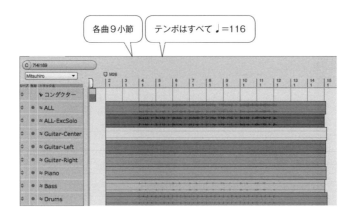

2 DAWへの課題曲ファイルの配置について

M29、M30の配置

配置の手順はM01～M10と同じ。M29、M30のテンポは♩=116。各曲9小節。

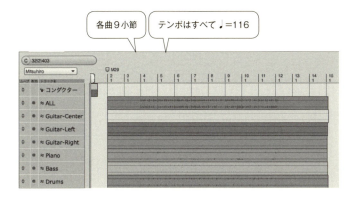

3 課題曲ファイルの再生環境について

　バンド曲の耳コピでは、DAWのソフト音源などを使って、ベースを耳コピするときはベースの音を出しながら、ドラムを耳コピするときはドラムの音を出しながら耳コピする。そのため、MIDIキーボードを用意して鍵盤で自由にソフト音源の音を出せる環境であることが望ましい。

　MIDIキーボードがない環境では、音を確認するたびに画面上の鍵盤をクリックするか、実際に音符を入力してプレイボタンを押さなければならないので、スムーズに音を確認することができない。こういった環境では完コピは不可能だ。

　もう1つ用意したいのはヘッドフォンだ。細かい音を聴くにはヘッドフォンが必須といってよく、ある程度のクオリティを持ったヘッドフォンを用意したい。私は長年、SONYの定番ヘッドフォンを使っている。

4 再生・停止はキーボードの ショートカットが必須

　DAWで曲ファイルを再生・停止するときは、必ずキーボードのショートカットを使う。使ったほうがよいなどと半端なことではない。使わなければ耳コピはできないと断言できる（145ページも参照）。多くのDAWソフトはスペースキーが再生と停止を共有している。

5 使用する五線について

　本書巻末（294ページ〜）に解答用の五線を用意したので、耳コピした音はそこに記入しよう。また、そのページをコピーして使ってもよい。
　ご自身で五線ノートを用意する場合には、解答用の五線を参考に、ト音記号やヘ音記号、拍子記号、小節線、パート名を記入して準備しておこう。
　音楽では各パートがお互い関係しているので、耳コピする際は、解答用の五線のようにすべてのパートが全体的に見えるほうがよい。ベースだけの楽譜、ギターだけの楽譜というように、別々にしないようにしよう。

バンド耳コピの実際

第 2 章

ベースの耳コピ

ここからベースの耳コピ方法を解説するが、ここでの内容はベースだけに有効なのではない。聴き取り方のコツや考え方はすべてのパートに通じることなので、ベースの耳コピが得意な方も、このベースの章からじっくり順番に読み進めていってほしい。

1 楽器を知る

■ 代表的なベース

　ベースは4本の弦を持つ。細いほう（写真右側）から1弦、2弦、3弦、4弦といい、4弦が一番太く、低い音が出る。4弦→3弦→2弦→1弦の順番に開放弦（フレットを押さえない状態）を演奏した試聴用音源を用意したので、聴いてみよう。

 ［ベースの開放弦］

これを楽譜にすると、

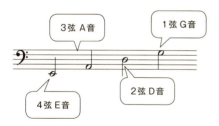

となるが、実際にはこの楽譜より1オクターブ下の音が聞こえている。

しかし、これでは加線が多く読みにくいことから、最初の楽譜のように1オクターブ高く書くことになっているのだ。

これでわかるのはベースの最低音が、4弦のE音だということだ。耳コピの際、これは大きなヒントとなる。このE音より低い音は出てこない、ということだ。

反対に高いほうは、1弦の開放弦の1オクターブ上のG音を超えてD♯ぐらいまでは機種を選ばず出すことができる。なかには2オクターブ上のG音まで出せる機種もある。しかし、実際の使用ということでいえば、1弦の1オクターブ上のG音くらいまでがほとんどだ。

さらに低い弦を加えた5弦ベースがあり、その場合にはB音までの低い音が出るが、使用例はあまりない。

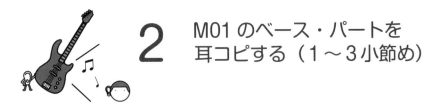

2 M01のベース・パートを耳コピする（1〜3小節め）

　M01は、1つひとつの音を細かく説明しながら進めていく。文章を読みながら実際に耳コピしていこう。

　DAWのソフト音源でベースの音色を読み込んでからM01の［All］トラックをソロで再生して、聴き取った音は294ページの解答用の五線のベース・パート、もしくはご自分で用意した五線に記入するか、DAWに入力しよう。

　キーが"C"とわかっているので、最初のコードは"C"、ベースもC（ド）音からはじまっている可能性が高い。こういった予測も耳コピには欠かせないが、本当にCであるかどうかは実際に音を聴いて確認しなければならない。［All］にはベース以外の音も入っているから、そのサウンドのなかからベースだけに神経を集中させ、ほかの音を聴かないようにする。

> **POINT**
> 耳コピするときは、その楽器音だけに集中する。

　"カクテルパーティー効果"という言葉を聞いたことがあるだろうか。雑踏のなかでも自分が聴きたい音を聴き取れる効果のことをいう。それと同じように、たくさんの楽器のなかから聴きたいベースの音だけに集中すれば、ベースがよく聞こえるようになる。人間の耳はそういう特性を持っているのだ。

※私は専門家ではないので医学的根拠からの記述ではない。興味のある方は「カクテルパーティー効果」について調べてみてほしい。

2 M01のベース・パートを耳コピする（1〜3小節め）

　耳コピは音感があるとかそういうことではなく、人間の持つ耳のこの特性を目覚めさせるだけ集中しているかどうかにかかっている。最初はうまくいかなくても何回かトライしていくうちに、次第にベースの音がよく聞こえるようになる。聞こえないからといって最初からあきらめてしまったら、耳コピはできるようにはならない。

　そうやって集中して聴いてみると、予測どおり最初のベース音は"C"であることがわかる。

　問題は"C"が次の(a)、(b)どちらであるかだ。

　これは用意したソフト音源で実際に音を出して比べてみればわかる。
※ソフト音源には何種類かのベース音色が用意されていると思う。いくつかを聴き比べて似たような音色を選んでおこう。

　正解は(a)だ。
　このようにベースがはじまる。

　では"C"の次の音は何か？
　これを見つけるためには、わかっている"C"の音を追いかけるように聴いていけばいい。この**追いかけるように**が耳コピで最も重要なキーワードとなる。これはどういうことだろうか？
　今、最初の音は"C"であるとわかっている。また第1章で聴音をクリアしていれば、その音の長さは2分音符の長さを持っていることは容易にわかるだろう。ここで重要なことは、"C"が聞こえている間はその音をずっと**聴き続ける**ということだ。ほかの音、たとえばスネアの音などは決して聞いてはいけない。ほかの音が聞こえたとしたら集中がそこで途切れたということを意味する。"C"の音をずっと聴き続けて、その

状態のままで3拍めを迎える。そしてそこでベースの音がどうなったかに全神経を向ける。そこでの可能性は、

1．同じ音が続く
2．低いほうへ移動する
3．高いほうへ移動する
4．音がない（休符）

この4とおり。**追いかけるように**というのは、ほかの音に気を取られることなく対象の音をずっと聴き続けて、それが次にどう変化したかをサーチする、この一連の流れを指した言葉だ。

音を追いかけるように聴く。

そうやって音を追いかけるように聴いていけば、最初の3小節は音を見つけることができるだろう。

3 M01のベース・パートを耳コピする（4小節め）

その次の音（4小節1拍めの音）は説明を要する。［All］を聴くと、その前のE音よりさらに下がっているように聞こえる。

実はここは音は下がっていない。ベース・パートだけをソロで聴けばわかるが、下がっていないどころか、次のようにかなり高い音に移動している。こんなにも上がっているのにそう聞こえないのは、オクターブ的な変化があっても音階的に下に向かって、「ドシラソファミ〔オクターブ的に移行〕レ」の順に進行しているからだ。

また、このような低い音域では人間の聴力が鈍いということも重なっている。ギターのような音域であればオクターブの違いは明確だが、ベースのような低い音域では、オクターブの違いは意外とわかりにくいということを耳コピするときには気に留めておいたほうがよい。

C（ド） B（シ） A（ラ） G（ソ） F（ファ） E（ミ） D（レ）

> **POINT**
> ベースの音域ではオクターブの違いがわかりにくい。

ベース・パートだけをソロにしても、最初はわかりにくいかもしれない。その場合は、D音をオクターブ上げていない状態の試聴音源を用意したので聴き比べてほしい。（ソフト音源なら、実際は音域外の音でも、演奏させることができる。）これと聴き比べれば4小節でD音に上がったときと下がったときの違いがわかるだろう。

[D音に下がった場合]

E音から順にD音に下がらずに、急にオクターブ上のD音に上がったのは下がれないらだが（129ページ参照）、このように急にオクターブ上げても、ほかの楽器と混ざった状態で聴けば不自然な感じはしないのだ。

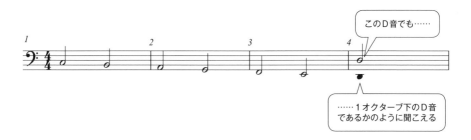

4小節めの3拍めの音はG音だ。楽譜に書くとこのようになる。

オクターブ上のG音でないことは、ソフト音源のベース音と聴き比べればわかるだろう。問題は4拍めの音だ。ここはこれが正解だ。

3 M01のベース・パートを耳コピする（4小節め）

ところが、うっかりすると次の楽譜のように3拍めのG音と同じ音にしてしまう。同じG音だからオクターブ違っていても気がつきにくく、これでも不自然な感じはしない。

こうした間違いを防ぐには、先に挙げた"追いかけるように"という聴き方が重要となる。追いかけるように聴いていれば4拍めに入った途端、3拍めには聞こえていたG音が"なくなる！"ということに気がつく。

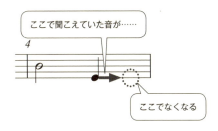

> **POINT**
> ベースのように低い音域の楽器では、同じ音が続いたときに、オクターブの変化に注意する。

4　M01のベース・パートを耳コピする（5〜8小節め）

　5小節めから7小節めまでは1小節めからのフレーズの繰り返しなのですぐにわかると思う。注意するべきなのは8小節めだ。ここは全音符ではなく、3拍めで同じ音を弾きなおしている。

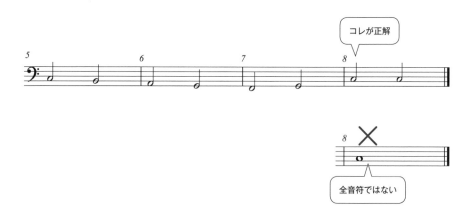

　3拍めで弾きなおしているかいないかを判断する方法は3つある。

　1つめの方法はアタック音が聞こえるかどうかをチェックする方法だ。ベースに限らず音にはアタック音とリリース音とがあり、その組み合わせでその楽器音を特徴づけている。アタック音を日本語の子音、リリース音を母音と考えるとわかりやすい。たとえば"ベ（be)"という言葉は"b"という子音と"e"母音とに分けられる。この"ベ（be)"という言葉で8小節めを歌ったとしたら、それぞれ次のように聞こえることになる。

4 M01のベース・パートを耳コピする(5〜8小節め)

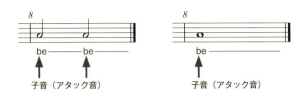

　発音の最初のところに子音があり、その後に母音が続く。楽器も同様で、ベースでは子音に当たるところで弦を弾いた瞬間のアタック音が聞こえ、その後、弦の振動音が聞こえる。

　しかし、実際の曲では判断がつきにくい場合もある。そういう場合は、その曲の同じような箇所を探してそこがどのように演奏されているかで考える。これが2つめの方法だ。たとえば問題の箇所が1コーラスめのAメロの最後だとしたら、2コーラスめのAメロの最後を聴いてみる。1コーラスめではわかりにくかった音も2コーラスめではよく聞こえるということはよくあることだが、必ずしも2コーラスめと同じであるとは限らないのが欠点だ。

　3つめの方法は、演奏者の気持ちになって考えるということ。どうしても音で判断できないときにはこの最終手段を用いる。これを実際にやってみよう。自分がベーシストになったつもりでベースを構えた格好をして、All-M01を最初から再生する。7小節めまでは音がわかっているので楽譜を見ながらベーシストの気分に浸る。そして問題の8小節めの3拍めにさしかかったとき"弾きなおしたい"と思ったか、"弾きなおしたくない"と思ったか、その感覚で最終的に判断する。

> **POINT**
> "自分だったらどう演奏するか"を考える。

　第1章でも書いてきたように音の長さについても注意を払えば、最後のC音は2分音符分の長さを持つことがすぐにわかるだろう。
→M01のベースの答えは296ページ

5 M02〜M10の ベース・パートを耳コピする

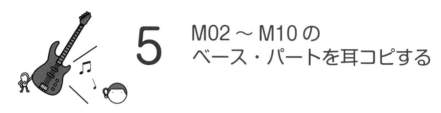

　ベースを耳コピする際に覚えておきたい基本的なポイントは、M01で説明した。M02からM10までを追いながら、その他の覚えておきたいポイントを解説しよう。

M02　ベース・パート

　M01と同じように耳コピすれば、音を聴き取ることができるだろう。
➡ 解答用の五線は298ページ（解答は300ページ）

M03　ベース・パート

　M01とM02は2分音符が基本だったが、M03はリズムが変わって ♩　♪♩　が基本的なリズムとなる。これはベースでよく用いられるリズムで、スローテンポ〜ミディアムテンポの曲で使われることが多い。よく使われるこのリズムをこの曲でしっかり身につけよう。
➡ 解答用の五線は302ページ（解答は304ページ）

5　M02～M10のベース・パートを耳コピする

　以下の文章は実際にM03を耳コピしてから読もう

M03では注意したいポイントが2つある。

1つめは各小節の4拍めの裏でベースを弾きなおしているかどうかの判断だ。M03では、(a)のように弾きなおしていないのだが、(b)のように聞こえなくもない。

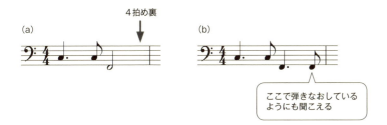

この場所にはドラムのキック音が入っていることが多い。ベースとキックは音の性質が違う（ベースは音が持続するが、キックは瞬発的）のでそれぞれを単独で聴けばその違いは明白だが、いっしょに聴くと4拍めの裏というような短い時間では両者の区別が難しくなる。これを聴き分けるには弾きなおしたときのベースのアタック音があるかないかで判断するのがよい。

またこれはベースとキックの立場を変えても同じで、4拍めの裏にキックが入っているかいないかが、ベースがあることによってわかりにくくなっていることがある。イコライザー[注1]を使って低音を強調させる方法もある。しかし、低音を強調すると、ほかの楽器を含めてさまざまなノイズ音も強調してしまうことになりかねない。たとえばアコースティックギターで強く弾いたときのストロークの低音成分がイコライザーによって強調され、本当はベースは弾きなおしていないにもかかわらず、そのアコギのノイズがベースのアタック音として聞こえてしまうことがある。聞こえたからといって本当に音があるとは限らない。そういう状況に陥ってしまったら、何を信じていいのかわからなくなってしまうだろう。イコライザーを使うときにはこういった危険性を十分踏まえたうえで、補助的に使ったほうがよい。

もう1つ、音の判別が難しいときに使えるテクニックがある。それは曲のピッチを

注1　【イコライザー】帯域別に音量を調節するエフェクター。DAWにプラグインとして用意されていることが多い。手順の詳細は付属の説明書、または専門書などを参照してほしい。

1オクターブ上げる方法[注1]だ。人間の耳は低い音には鈍感なので1オクターブ上げれば聴きやすくなる。これまで聞こえなかった音が嘘のように聞こえることもあるが、これもイコライザーと同じように目的とする音だけでなく、ほかの音も聞こえやすくしてしまうので、そのマイナス面を十分に認識したうえで、やはり補助的に使ったほうがよい。

M03は音がわかりやすいようにミキシングされているので、ベースのアタック音の聴き分けは比較的容易だと思う。こういったやさしい課題で十分慣れておくことが実際の聴き分けが難しい曲に接したときの力になる。

2つめのポイントは6小節4拍めだ。

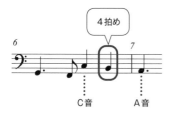

この音をしっかり聴き取れただろうか。"ベースのフレーズ"ということを考えたとき、次の小節の頭に向けて音を順次進行（53ページ「注1」参照）させることがよくおこなわれる。この曲の場合、C音から次の小節頭のA音へ向けて、間にB音を入れることによって音が順次進行することになる。

次の楽譜のように、2つ音を入れて順次進行を作る場合もある。

注1 オーディオファイルのピッチを上げるには、お使いのDAWの機能や専用アプリなどをご自身で調べてほしい。

M04　ベース・パート

　M04は特に新しいポイントはないが、これまでの曲と違いリズムがさまざまに変化するのでその点に注意しよう。
➡ 解答用の五線は306ページ（解答は308ページ）

M05　ベース・パート

　M05は4分音符が連続するシンプルなリズムだ。
➡ 解答用の五線は310ページ（解答は312ページ）

M06　ベース・パート

　この曲では、Cメジャーキーのスケールにはない音が使われるのがポイントだ。
➡ 解答用の五線は314ページ（解答は316ページ）

 以下の文章はM06を実際に耳コピしてから読もう

　Cメジャーキーのスケールにはない音が使われているのは、2小節めとその繰り返しに当たる6小節め。

♭の効果をこの♮で無効にする必要がある。もし♮がなければこの音はB♭音になってしまう

　このB♭音はCメジャースケールにはない音だ。スケールにない音が出てくるのは"転調した（さまざまな解釈があるがここでは転調と統一する）とき"と、"ある音に半音

階的に接するとき"の大きく2つの場合があるが、この例は前者の転調したことによる音だ。両者の区別はそのときのコードや前後のコードも含めて大局的に調べなければならないが（前者についてはこのページの下で、後者については151ページで「もう1つのポイント」として解説しているので参照してほしい）、この曲のようにスケール以外の音が長い音符の場合には前者であることが多い。しかし短い音の場合にはどちらの可能性もあるので判断が難しい。

さらにもう1つ考えなければならないことがある。それはこのB♭音をA♯音で書いてもいいかどうかという問題だ。すべてに共通することではないが、その音が次に下がる場合には"♭的に"書き、次に上がる場合は"♯的に"書く。

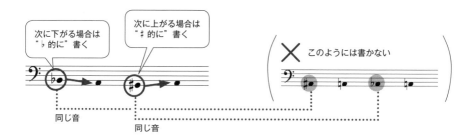

"♭的"、"♯的"とあいまいな言葉で書いたのには理由がある。
たとえば次の譜例（a）のように、Gメジャーキーの曲ではファの音はもともと調号によって半音上げられているので、それを半音下げるには、たとえ次に下がる場合でも、♭ではなく♮で書かなければならない。また譜例（b）のように、Fメジャーキーの曲では調号によってシの音はもともと半音下がった音になっているので、それを半音上げるには、次に上がる場合でも、♯ではなく♮で書かなければならない。半音下げる（上げる）ときはいつも♭（♯）で書くとは限らないのだ。

"大局的に"、"すべてに共通することではないが"と書いているが、それぞれを詳しく説明すると次のようなことがいえる。興味のある方はぜひじっくり読んでいただきたい。

5 M02〜M10のベース・パートを耳コピする

ベースをコピーしただけではわからないが、2小節めのコードは1〜2拍めがC7/B♭、3〜4拍めがF/Aとなっている。(第4章でコード判定をおこなっている)

オンコード[注1]の指示を省いたC7、Fを音で表すと次のようになる。

コードC7のなかのB♭音は、ルート音のC音から数えて7番めの音なので(C音を"1"として数える)、「第7音」という。

ここで問題となっている[Bass]のB♭音は、まさにこの第7音であり、それがコードC7の"7"を意味しているわけだから、必ずB♭で書かなければならない。A♯では7番めの音にはならないのだ。

そういったことからここはB♭で書くのが正しく、A♯は間違いであるといえる。

また、C7の次にFに進んでいることも重要だ。FにとってC7は5度上(4度下と考えても同じ)のセブンスコードだから、ここにドミナントモーションというコード理論において重要な進行が形成されている。ドミナントモーションの詳細は専門の書(さまざまな本が出版されているが、私が書いた『耳コピ力アップ術』にもドミナントモーションに多くのページを割いて説明している)でよく覚えてほしい。ドミナントモーションが形成されているということは、一時的ではあるがこの場所はFメジャーに転調していると考えられる。Fメジャーのスケールは次に見るようにBが半音下げられたスケールなのだ。

注1 【オンコード】コードのルート音以外の音をベースで弾いたときのコードを「オンコード」という。たとえばコードCの場合のルート音はC音、コードAmのルート音はA音を指す。

Fメジャーのスケール

　このように、スケール以外の音が出てきたときにはベースの音だけではなく、コードが何であるか、そのコードが次に何のコードへつながっているかを見なければスケール以外の音をどのように解釈したらよいかを決めることはできない。耳コピにおいてはスケール以外の音の解釈がわからなくても、音さえ合っていれば問題はないが、解釈がわかっていたほうが耳コピはラクにできる。たとえばこの曲のB♭をA♯と思ってしまうと、コードを聴き取ろうという段階でコードがわからなくなってしまう。C7とわかれば次に来るコードは"Fの可能性が大きい"と、次のコードを予測することにも役立つのだ。

　M06にはもう1つポイントがある。それは最後の小節、2拍めの裏の音だ。

　1つのコードが持続しているときに、ベース音が一時的に4度下がるのはよく用いられるフレーズだ。ただしこの曲のようにすぐにもとの音に戻ることが多い。
　コードのなかでこのことを考えると、ルート音（この場合C音）から第5音（この場合G音）へ下がっているといえる。4度以外にもオクターブ下がる、つまりルート音から1オクターブ下のルート音に下がるパターンがあり、ベース音が一時的に下がるときは大抵どちらかである。
　この2つのパターンの音の違いは明確なので間違うことは少ないが、4度下がるパターンがずっと続いているなかで急にオクターブ下がるパターンになるとそれを聴き逃してしまいかねない。同じパターンが続いていても、安心しないで"追いかけるように"集中して聴き続けよう。

5　M02〜M10のベース・パートを耳コピする

M07　ベース・パート

基本リズムが変わる。
➡ 解答用の五線は318ページ（解答は320ページ）

M08　ベース・パート

音がさまざまに上下し、途中で16分音符も出てくるので、しっかりベースの音を追いかけよう。何の音かわからないときは、その場所のコードは何かを調べてからもう一度トライしよう。多くの場合、コードのなかのいずれかの音をメインにして、フレーズは構成されている。
➡ 解答用の五線は322ページ（解答は324ページ）

 以下の文章はM08を実際に耳コピしてから読もう

たとえば4小節めの16分音符の音がわからなかったとしよう。
　DAWの［All］トラックのオーディオファイルの波形を画面に表示して、わからないところだけを再生する。この場合の再生は［Playボタン］やスペースキーによる再生ではない。私が使っているDigitalPerformerでは波形のなかの該当部分をマウスでドラッグしてマウスボタンから指を放した瞬間にドラッグした部分だけが再生される。お使いのDAWでも似たような機能があると思うが、操作方法は各自で調べてほしい。

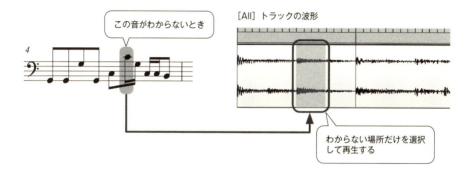

ここで重要なことは"聴きたいところ以外、前後の音を聞かないようにする"ということだ。
　ときどき、DAWを再生したままで「音がわからないなあ～」と首を傾げる光景を見ることがある。ただでさえ聴き取りにくい音なのに、その曲の続きの部分を再生したままにしていては、その音が邪魔になって聴き取れるはずがない。
　また、わからないその瞬間だけを再生すると音が余韻のように頭のなかに残り（実際に音が残るのではないが）、短い音も長い音であるかのように聞こえる効果がある。そうなれば聴き取りやすくなるのだ。

POINT
前後の音は聞かない。

　繰り返しになるが、DigitalPerformerでは、該当部分をマウスでドラッグしてマウスボタンから指を放した瞬間にドラッグした部分だけの再生がはじまる（次ページ図参照）。
　実はこの操作の流れが耳コピにはとても重要で、スペースキーで再生を停止するなど、余計な操作の必要がないから、音を聴くことに集中できるという大きなメリットがある。

5 M02～M10のベース・パートを耳コピする

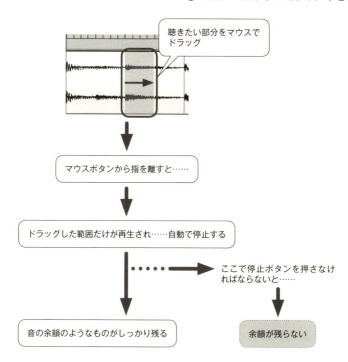

この方法でも音がわからない場合、その次の音も続けて2音まとめて再生すると音が聞こえる場合があるので、それも試してみてほしい。

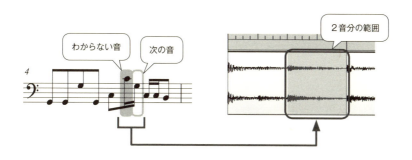

もう1カ所説明しておこう。それは7小節めの3拍めと4拍めだ。

正解は次のとおり。

スタッカート（・）が書かれている。これは音を短くするという意味の音楽記号で、この場所のベースの波形を見ると次のようになっていて、実際に音が短くなっていることがわかる。

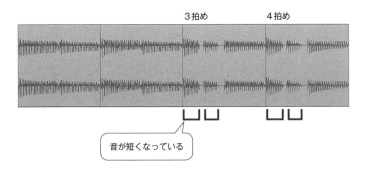

ここで音が短くなっていることに気づかなかった方は多いと思う。もしここが短くなかったら違う感じの曲になってしまうので、それでは完コピとはいえない。こういう細かいところにも気がつくように注意深く耳コピをしてほしい。

スタッカートを使わずに、次のように書いてもOKだ。

解答を楽譜ではなくDAWに音符情報として入力している人は、次図のように短く入力してあればOKだ。

ピアノロール画面

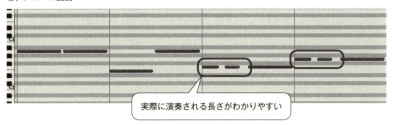

実際に演奏される長さがわかりやすい

M09　ベース・パート

最後の2小節は、フレーズが広い音域に渡って動いているうえに、16分音符のリズムも混ざっている。ベースの音を見失わないようにしっかり追っていこう。
➡解答用の五線は326ページ（解答は328ページ）

M10　ベース・パート

リズムも細かく、スケール以外の音もいくつも出てくる。かなり難しい課題といえるだろう。これが完璧に聴き取れるようになったら耳コピの初級から中級へ入ったといってよい。
➡解答用の五線は330ページ（解答は332ページ）

　以下の文章はM10を実際に耳コピしてから読もう

この曲の基本的なリズムは次のとおり（次ページ楽譜参照）。

　前ページの楽譜のように2拍めの頭が休符になっていることがポイントだ。これを聴き逃さなかったかどうか。次の楽譜のように音が延びていたら曲の雰囲気はだいぶ変わってしまう。

　音の高さが合っているだけでは完コピとはいえない。曲の雰囲気もしっかり聴き取ってこそ、その意味があると思う。
　なぜあなたは完コピをするのだろうか。その曲が好きだから？　その曲を自分でも演奏したいから？　ミュージシャンになるための勉強として？
　音の長さや強弱には、それを演奏した人の曲への熱い思いが宿っている。演奏者のメッセージを受け取らなければその曲を深く知ることができないのであり、演奏者のメッセージを吸収してこそ、自分の作品にも思いを宿すことができるようになるのではないだろうか。

> **POINT**
> 似た音色を選んだうえで音の長さと強弱を調整すれば、コピーもとの演奏ニュアンスを再現できる。細かいニュアンスに至るまで、そっくりまねして演奏すれば、自分の音楽の幅を広げることにもつながる。完コピとはそういうものである。

この曲にはもう1つポイントがある。それは4小節めだ。正解は次のとおり。

これら2つの半音階的な動きをしっかりキャッチすることができただろうか。1小節めのC♯のようにその音が何回も出てきたり、あるいは長い音符であればスケール以外の音にも気がつきやすいが、この場所の16分音符のように短いと気がつきにくい。これをキャッチするには、これまでにも書いてきたように"ベースの音を追い続けること"、これしかない。

また、このスケール以外の2音の書き方は、上の楽譜のとおりが正解で、A♭の音はG♯で書いてはいけないし、そのあとのG♯の音はA♭で書いてはいけない。それはM06の項（141ページ）に書いた"その音が次に下がる場合には♭的に書き、次に上がる場合は♯的に書く"に由来する。

6 M11〜M15のベース・パートを耳コピする

ここから♩=100になり、テンポが速くなる。テンポが速くなっても、これまでと同じように音をしっかり追っていけばいい。

M11　ベース・パート

➡ 解答用の五線は334ページ（解答は336ページ）

> ⚠ 以下の文章はM11を実際に耳コピしてから読もう

ポイントは2つあり、どちらも2小節めにある（次ページ楽譜参照）。

直前の♯は小節線を超えると無効になるので、ここはF♯ではなくFを意味する。しかし楽譜に書くときには♮を書いてFであることをしっかり伝えたほうが、この曲のように近接した場合では親切

1つめは（a）のところ。その前のA音からE音へ音が高くなっているところだ。
同じ音を のリズムで連打するパターンが1小節めから続いていているが、ここにはA音がないことに気がついたかどうかが1つめのポイント。1拍めの流れに乗っ

てA音と解答していたら注意力が足りないといえる。スタッカートになっていて音が短いのでわかりにくいのだが、この場所にA音がないことは、ベースの音をしっかり追い続けていればすぐにわかるはずだ。

また、このようにベースが途中で上に飛ぶときは、コードのほかの音であることがほとんどで、なかでもこの曲のように第5音へ飛ぶことが最も多く、1オクターブ上（M12に出てくる）も多いが、第3音へ飛ぶことは比較的少ない。

2つめは小節の最後のF♯の書き方。M06での説明（次に下がる場合には♭的に）に従えばここはG♭となるはずだが、ここはF♯と書く。スケールの第5番めの音が下がるときには♭的ではなく♯的に書くのが習慣となっている。たとえ一瞬であってもここにコードネームを割り当てるとしたらD（D音、F♯音、A音）と考えられる。また、G音からGメジャーのスケール（G－A－B－C－D－E－F♯－G）で「G→F♯」と下がっていると考えてもよい。どちらの解釈でもいいが、いずれにしてもここはF♯と書く。この音をG♭で書いたりはしない。

しかし、G♭と書くことが妥当と考えられる場合はそれに従えばよい。たとえば次のような場合だ。

この □ のなかは明らかにE♭、G♭、B♭からなるE♭mコードを示唆しているのでG♭と書くのが妥当だ。

M12　ベース・パート

M11と似ている曲なので、もう一度チャレンジというつもりでトライしよう。
➡ 解答用の五線は338ページ（解答は340ページ）

M13 ベース・パート

　ベースの基本リズムがここで変わる。16分音符を多用したこのパターンはハードな感じの曲で使われることが多い。

➡解答用の五線は342ページ（解答は344ページ）

 以下はM13を実際に耳コピしてから読もう

　ポイントは2つ。
　1つめは4小節めの最後の2音。

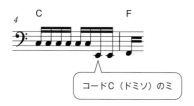

　ここではコードがCからFに変わっている。次の楽譜のように直接C音からF音へ行くのももちろんOKだが、

　この曲のようにFに隣接した音（E音）を経てからF音へ飛び込むというのも、その隣接した音がコードのなかの音である場合にはよく使われるパターンだ[※]。そういったことを頭に入れておくと聴き逃しを減らすことができる。

※このE音はちょうど4弦の開放弦に当たる。このように開放弦をフレーズに混ぜることはよくおこなわれる。

6 M11〜M15のベース・パートを耳コピする

2つめは最後の小節。

■で囲んだ音符は跳躍進行だ。第1章の**聴音課題051**（53ページ）でも解説したように跳躍進行しているときはコードの音であることが多い。跳躍進行が聞こえたら、まずはコードトーンのなかから探そう。

M14　ベース・パート

M13と同じような曲なので、リトライのつもりで耳コピしよう。途中（2小節め、4小節め、5小節め、6小節め）、半音階的にあるいは順次進行で細かく動いて聴き取りにくい箇所があるが、同じフレーズをギターも演奏していることに気づけば音を簡単に聴き取ることができるだろう。M01の4小節めのところでも触れたようにベースのような低い音は音程がわかりにくい傾向にある。一方、ギターはもっと上の音域で演奏しているので同じフレーズでも音がわかりやすいのだ。

➡解答用の五線は346ページ（解答は348ページ）

M15　ベース・パート

M15の難易度はそれほど高くはないので、この課題をクリアできなかったら、M01〜M10の課題へ立ち戻ってもう一度やりなおしたほうがいいだろう。

➡解答用の五線は350ページ（解答は352ページ）

7 M16〜M20のベース・パートを耳コピする

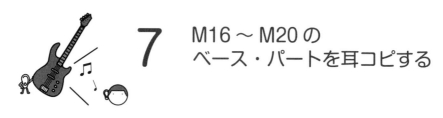

　これらの5曲はM01〜M10までと同じく♩=64となっている。DAWのテンポをきちんと合わせておくことを忘れないように。
　また、M16とM17のベースは細かい音はほとんどなく全音符や2分音符がメインなので耳コピは難しくない。M19とM20はエレキベースではなくウッドベース音色で演奏されている。耳コピの方法はこれまでと同じで変わらない。

M16、17　ベース・パート

　難しい課題ではないが、オクターブを間違えないように気をつけよう。

■M16
➡解答用の五線は354ページ（解答は356ページ）

■M17
➡解答用の五線は358ページ（解答は360ページ）

M18　ベース・パート

　M16、17に比べると、リズム面での難しさがある課題だ。第1章の聴音課題とは違って、ドラムなど、ほかの楽器が入っているのでビートはわかりやすい。それらの音を頼りにリズムをしっかり捉えよう。
➡解答用の五線は362ページ（解答は364ページ）

7　M16〜M20のベース・パートを耳コピする

> M19、20　ベース・パート

　M19、M20ともに新しいポイントはないが、これまでのさまざまな要素が取り入れられた課題だ。これまでの総合課題としてトライしよう。

■M19
➡解答用の五線は366ページ（解答は368ページ）

■M20
➡解答用の五線は370ページ（解答は372ページ）

バンド耳コピの実際 | 第2章 ベースの耳コピ

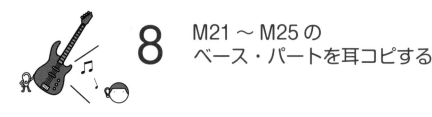

8 M21～M25の ベース・パートを耳コピする

これまでの課題はメロディの音色がピアノだったが、次のM21からはギターに変わる。それに伴い、ベースを含めサウンドがこれまでのオーソドックスなサウンドから、ロックっぽいサウンドに変わっている。また♩=136となってテンポも速い。

ここからは9小節の課題となる。

M21　ベース・パート

サウンドは変わったが、耳コピ難易度としては高くはない。これまでと同じように耳コピすれば容易に解答は得られると思う。

➡ 解答用の五線は374ページ（解答は376ページ）

M22　ベース・パート

この課題もあまり難しいものではないが、途中スライド奏法[注1]を使っている箇所が2カ所ある。それを聴き逃さないようにしよう。

➡ 解答用の五線は378ページ（解答は380ページ）

 以下はM22を実際に耳コピしてから読もう

注1　【スライド奏法】弦を押さえた指を滑らせたあとに目的の音へ到達する奏法。下から到達する場合をスライドアップ、上から到達する場合をスライドダウンという。半音か全音（フレットで1つ分か2つ分）のスライド奏法を絡ませてフレーズを形成することがよくおこなわれる。一瞬の変化なので聴き逃さないようにしなければならない。もっと多くのフレットをスライドさせることもおこなわれるが、その場合はかなり目立つサウンドとなる。

スライド奏法は次の2カ所。

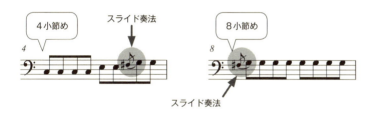

どちらも半音(フレット1つ分)のスライドアップ奏法だ。

スライド奏法で問題となるのは、フレットいくつ分スライドしているかをどうやって聴き分けるかだ。これはM08のところで解説したオーディオファイルの波形を画面に出してその場所だけを再生する方法で聴き分ける。上の例でいえばF♯の場所だけを再生する。直後のGまでは再生しないので、ほんの一瞬の再生となる。地道な作業だが、これで音は聞こえるだろう。ここで聞こえた音がF♯であればフレット1つ分とわかる。念のためその直前も聴いてF音が聞こえていないことを確認すればOKだ。F音が聞こえたら音はF-F♯-Gと2フレット分スライドしていることがわかる。

しかし話はここでは終わらない。ベース奏法にはスライド奏法以外にハンマリング[注2]という奏法があり、聞こえる音はこのスライド奏法とかなり似た結果となる。両者の区別は耳コピではわかりにくい。

これは私の主観ではあるが、演奏者の気持ちを考えるとハンマリングでは最初に押さえた音のほうに気持ちが向いているので強いアタック音を生むが(図a)、スライドでは到達音のほうに気持ちが向いているのでスライドがはじまる音にアタック音はそれほど出ない(図b)。その感触は実際に楽器に触れて自分でその違いを確認してみるのが一番いいと思う。また、ベーシストによっても演奏のニュアンスはさまざまあるだろう。自分の好きなベーシストの演奏を何曲もコピーしていくうちに、そのベーシストの演奏の傾向や癖なども次第にわかってくると思う。

注2 【ハンマリング】弦を押さえた指はそのままにしておき、ほかの指で強く叩くように弦を押さえる。その叩いた衝撃で音が出るようにする奏法。このとき右手では弾きなおさない。248ページにもハンマリングの記述があるのでそれも参考にしてほしい。

M23 ベース・パート

少しブルージーな感じがする曲だ。このブルージーさはそのスケールから生まれていて、次のスケールが用いられてる。

また、シンコペーションのリズムが多用されているものの、リズム的には難しい曲ではない。音をていねいに探りながら耳コピにトライしよう。
➡解答用の五線は382ページ（解答は384ページ）

M24 ベース・パート

この曲の基本リズムは♪♫で、このリズムが繰り返し演奏されている。このようなときには注意力を落とさないようにして、♫♫や♪♫などにリズムが変化しているところがないかをしっかり聴き取ろう。
➡解答用の五線は386ページ（解答は388ページ）

M25 ベース・パート

Aマイナーキーの曲だ。M24同様♪♫のリズムが全体を担っている。
➡解答用の五線は390ページ（解答は392ページ）

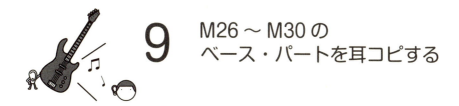

9 M26〜M30の ベース・パートを耳コピする

　M26〜M28はギターが複数本使われているために、聴き分けるのが難しい課題となっているが、ベースは3曲とも難しくはない。これまでのところをクリアしていれば簡単に耳コピは完了するだろう。テンポは♩=116となって少し遅くなっている。

M26　ベース・パート

➡ 解答用の五線は394ページ（解答は396ページ）

M27　ベース・パート

➡ 解答用の五線は398ページ（解答は400ページ）

M28　ベース・パート

　基本リズムさえわかればあとは簡単そうに聞こえるが、落とし穴を用意してある。十分注意してしっかり聴き取ろう。
➡ 解答用の五線は402ページ（解答は404ページ）

バンド耳コピの実際 | 第2章　ベースの耳コピ

　以下はM28を耳コピしてから読もう

落とし穴に気がついただろうか。それは2小節めだ。

　1小節めと2小節めは同じフレーズではなく、○で囲んだ音が違う。"同じだ！"と早急に判断してはダメだという例だ。
　M01〜M10のように比較的単純なアレンジでできている曲では、このような違いは異質な因子となってサウンドに影響しやすく"何か違うぞ"とすぐにわかるのだが、この曲のようにサウンドが複雑な曲ではそれがわかりにくい。

　ここでいう単純なアレンジとは、たとえばコードがCであるとき、コードトーンであるドミソを多く用いてアレンジしてあるM01のような曲を指している。それに比べてM28では、コードがCであるときでも、コードトーンのドミソ以外の音も使われている。問題の2小節めにいたってはコードがCであるかもはっきりしないアレンジになっている。
　この2小節をもう少し解説しておこう。
　2小節めはCsus4ともF/Cとも考えられるような複雑なサウンドになっている。また、どちらのコードと考えてもメジャーかマイナーかを決定する第3音が使われていない。
　コードをCsus4と考えた場合、第3音（ミ）が1つ上のファに移動したことになる。

また F/C と考えた場合も、第3音に当たる"ラ"がここでは使われていない。

最近、このような複雑なアレンジの曲が多い。

コードについては、第4章「ギターの耳コピ」（195ページ〜）でも解説しているので、参照してほしい。

M29 ベース・パート

　この曲は8分音符が連続したリズムの曲だ。ただし、スタッカートの8分音符とそうでない8分音符とが混ざっているので、その違いをしっかりキャッチしてほしい。
➡ 解答用の五線は406ページ（解答は408ページ）

M30 ベース・パート

　スライド奏法が使われているところがいくつかある。フレットいくつ分のスライドなのかをしっかりと聴き分けよう。
➡ 解答用の五線は410ページ（解答は412ページ）

　以上で30曲分のベース・パートの解説は終了だ。

バンド耳コピの実際

第3章

ドラムスの耳コピ

1 楽器を知る

■代表的なドラムセット

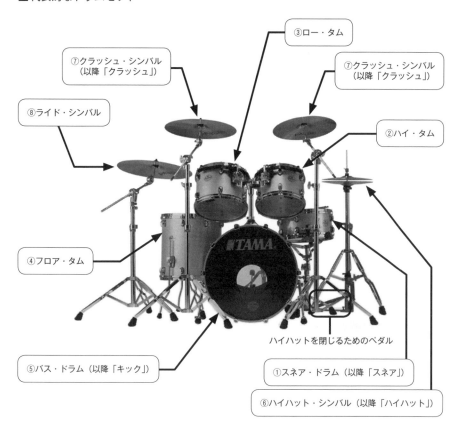

耳コピに入る前に、それぞれの楽器がどんな音で聞こえ、ドラムパターンのなかでどのように用いられるのかを知っておこう。練習用の**ドラムパターン1〜5**とその試聴用データを用意したので、上の写真を見ながら聴いてみよう。

■ドラムパターン1

  [ドラムパターン1]

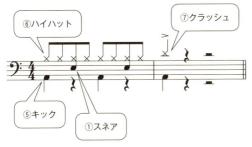

　これはドラムの最も基本的なリズムパターンだ。この基本リズムを文章にすると次のようになる。

- ハイハットがリズムをキープしている。⇨右手に持ったスティックで叩く
- スネアは偶数拍で演奏する。⇨左手に持ったスティックで叩く
  （ハイハットとスネアは同時に叩くことが可能）
- キックは奇数拍で演奏する。⇨足でペダルを踏んで叩く
- クラッシュとキックは同時に演奏する。
- クラッシュとハイハットは同時には演奏しない。

ドラム譜はほかの楽器と違い、特殊な書き方をする。コツは次の5つ。

1. 足で演奏する楽器の音符は下向きに、手で演奏する楽器の音符は上向きに書く。

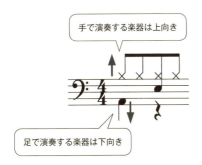

2. 皮を張った楽器（ドラムヘッド）は「●」で、シンバルやハイハットなど金物の楽器は×で書く。
3. 右手と左手とを使って同時に演奏するときは、1本の棒を共有する。このことは案外重要で、"手で叩く楽器は同時に2つまで"ということを意味している。たとえば、ハイハットとスネアとクラッシュは同時には演奏できないのだ。

4. 低音部譜表 𝄢 に書き、曲がどんな調性（キー）であっても調号は用いない。
5. "叩く"という性格上、音符の長さは任意だが、リズムがわかりやすいように書く。

【注】ドラム譜の書き方はさまざまな方法があり統一されていないが、本書では主流と考えられる書き方であるように努めている。

1 楽器を知る

■ ドラムパターン２

次に、タムについて見てみよう。

[ドラムパターン２]

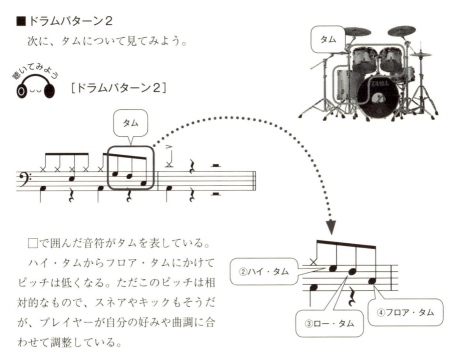

□で囲んだ音符がタムを表している。

ハイ・タムからフロア・タムにかけてピッチは低くなる。ただこのピッチは相対的なもので、スネアやキックもそうだが、プレイヤーが自分の好みや曲調に合わせて調整している。

166ページの写真でも上の楽譜でもタムは３つとなっているが、もっと多くのタムを配置したドラムセットもあり、その場合はスネアの位置を避けて空いている任意の高さに上向きの棒を持った ● で書けばよい。ただしフロア・タム[注2]だけは、上の楽譜で示した位置に書く。

また、上の楽譜を見ると、タムを叩くときはそれまでリズムをキープしていたハイハットが中断されているのがわかる。これは"タムとハイハットは同時に叩かない"ということを示している。タムは右手だけで、もしくは両手で交互に演奏することが多いので、右手で叩くハイハットと同時に演奏することはない[注2]。そのことを知っていれば耳コピのミスも減る。ただし、実際の楽器ではなく、ドラム音源を使って作成したデータの場合には同時に演奏することも可能であるということは頭に入れておいたほうがいい。

注1　フロア・タム以外のタムは、166ページの写真をよく見るとわかるように、キックに取りつけられている。それに対してフロア・タムだけは、床（floor フロア）にスタンドを立てて直接置かれている。こういったところから"フロア・タム"の名前がつけられていると考えられるが、フロア・タムは一般的に深い響きが求められ、アレンジにおいてもその効果を狙った特別な用いられ方をしている。

注2　叩こうと思えば同時に叩くこともできる。ハイハットを左手で叩くか、あるいはタムを左手で叩けば可能だが、あまり一般的ではない。

■ドラムパターン３

次に、クラッシュについて見てみよう。

 ［ドラムパターン３］

　クラッシュは曲の要所要所でアクセント的に使われ、基本リズムの説明のところでも書いたように、キックといっしょに演奏されることがほとんどだ。（キックを伴わないクラッシュは浮いたように聞こえ、必要なアクセント感が得られない。）

　また実際の曲では、クラッシュは２種類以上使われることが多いが、楽譜ではその２種類のクラッシュを書き分けることはない。しかし、耳コピにおいてはその必要があるので、本書では高さの異なる×で書き分けることにした。２種類のクラッシュの聴き分けはピッチ感の違いによってわかるが、１つが左寄りから聞こえたとしたら、もう１つは右寄り、もしくは中央から聞こえるので、これを利用して聴き分けることも可能だ。

1 楽器を知る

■ドラムパターン4

次に、ハイハットについて見てみよう。

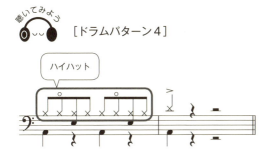

［ドラムパターン4］

ハイハットは4分音符や8分音符などで一定のリズムをキープする用法が多い。

ハイハットには、左足でペダル（166ページ写真、右下参照）を踏んで2枚のハイハットが閉じた状態で叩く「ハイハット・クローズ」と、ペダルを踏まずに2枚のハイハットが開いた状態で叩く「ハイハット・オープン」がある。

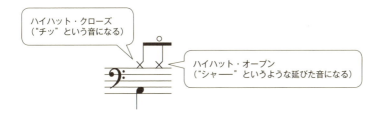

ハイハット・オープンのあとにハイハット・クローズを演奏すると、延びていた音がそこで止まる。これはペダルを踏むことで2枚のハイハットが閉じられるからだ。

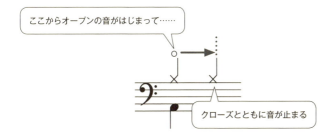

■ドラムパターン5

次に、ライド・シンバル(以降「ライド」)について見てみよう。

[ドラムパターン5]

「>」の有無でクラッシュとライドとを書き分けている。

ライドは、ハイハットと同じように一定のリズムをキープする用法が多い。"チーン"というように延びた音だ。スティックの先端部分で叩くか横の部分を使って叩くか、また、シンバルのエッジに近いほうを叩くか、中心に近いほうを叩くかなどによってサウンドは大きく変わるが、いずれにしてもハイハットとは違う響きを持っているのですぐにそれとわかる。

"チーン"と延びた音のなかのアタック音を聴き逃さないようにして(ライドの延びた響きよりアタック音のほうが聴き取りやすい)、4分音符の刻みなのか、8分音符の刻みなのかを聴き分ける。

2　M01のキックを耳コピする

　M01の［All］トラックを再生して、聴き取った音をDAWに入力するか、巻末の五線もしくはご自分で用意した五線に記入してゆく。最初にキックの音だけを耳コピし、書き込んで（MIDI入力して）いこう。

➡解答用の五線は294ページ

　前章では「ベースの音だけに集中する」と書いたが、ここでは"ドラムの音だけ"ではなく「**キックの音だけに集中する**」のだ。

　何回か繰り返して聴いていくうちに、キックの音に敏感になっていくのが実感できるだろう。

➡解答は次ページ

　167ページの基本リズムと比べても、矢印の位置に音が1つ多く入っているだけのシンプルなリズムがずっと続いているので、比較的耳コピしやすいと思う。
　ただこの矢印で示した音だけ少し弱く（DAWの音符ではベロシティの値が少し下がった状態）聞こえる。曲調や演奏者にもよるが、裏拍の音は少し弱く演奏されることが多い。

　このように弱く演奏された音は聴き取りが難しくなるので、聴き逃さないように十分気をつけなければならない。
　また、耳コピでMIDIデータを作成する場合は、強弱もしっかりとシミュレートする必要がある。使用する音源によってベロシティ値の反映のされ方はさまざまなので、お使いのドラム音源の音を聴きながら、もとの音源に近い音量になるよう、ベロシティ値を決めていく。

3 M01のスネアを耳コピする

次に耳コピするのはスネアだ。耳コピの要領はキックと同じ。スネアの音だけにしっかり集中して耳コピすればよい。聴き取ったら解答欄に書き足そう。

次のようになる。167ページの基本リズムと同じだ。

 M01 スネア

4 M01のハイハットを耳コピする

次はハイハットだ。

ハイハットは前述のとおり、4分音符か8分音符でリズムをキープすることが多い。まずはそのどちらのパターンなのかを聴き分ける必要がある。M01では8分音符で刻まれていることがすぐにわかると思うが、実際の曲では判断が難しいケースもかなりある。1小節めは4分で刻んで、2小節めは8分で刻むといういうことは通常はないので、聴きやすそうな場所を選んで判断する。

それでもわかりにくい場合は、その曲のなかで繰り返している箇所を探して聴いてみる。たとえば、Aメロの1小節めを何回聴いてもわからなかったとき、2コーラスめのAメロの1小節めですんなり聞こえた、というのはよくあることだ。聴き取りやすい場所を探す（探せる）というのも耳コピの重要なテクニックといえる。

またキック同様、耳コピでMIDIデータを作成する場合は強弱も重要だ。多くの場合、8分音符で刻む場合は強弱強弱……、もしくはその反対の弱強弱強……が連続するが、それによって曲のノリが変わるのでしっかりと再現しなければならない。初心者の作品が"初心者"に聞こえてしまう最大の原因は、強弱が適切ではないために、このノリをうまく出せていないことによる。

> **POINT**
> 強弱によって曲のノリは変わる。

解答は次のようになる。

　M01　ハイハット

5 M01のクラッシュを耳コピする

※本書ではハイハットを先に耳コピしているが、先にクラッシュを耳コピするというのもいい方法だと思う。実際、私は耳の慣れという点からキックを最初に、次にスネアという順番だけは決めているが、それ以降は決めていない。

　クラッシュの音を探しながらファイルを再生しよう。まず聞こえるのは曲の冒頭だ。この音をしっかり覚えておく。
　次に聞こえるのは曲がはじまって3小節めの冒頭だが、それは1小節めのクラッシュと同じだろうか、違うだろうか。170ページに書いたように"ピッチ感"で考えると3小節めのほうが高く聞こえる。また、左右の位置を注意深く聴くと1小節めのほうが左寄り、3小節めのほうが右寄りに聞こえるのがわかる[注1]。
　2種類のクラッシュの音の性格がわかったら、残りの小節のクラッシュはそのどちらであるかに注意しながら聴いていけばよい。3枚以上のクラッシュを使った曲ももちろんあるが、要領は同じ。本書の曲は、いずれもクラッシュは2枚までだ。
➡解答は296ページ

POINT
複数のクラッシュは、ピッチと左右の位置の違いで聴き分ける。

この曲のドラムの耳コピはこれですべて完了となる。

注1　もし、M01の2種類のクラッシュの差が聞こえなかったら、耳コピができる環境ではないといえる。再生環境を改善したほうがいい。

ここまで見てきたようにキックだけ、スネアだけ……というように、叩く楽器ごとに耳コピするのがドラムの耳コピの方法だ。その楽器に集中して聴くことで耳がその音に敏感になるので、この方法であれば細かい音も聴き逃さない。ドラムを全体的に聴いたのでは、細かい音には気がつかず、正確な耳コピはできない。

　ドラムの全部の楽器を聴き取ったあと、必ず全体を聴いて間違いがないかどうかをチェックしよう。私の経験では、耳がまだその楽器の音に慣れていない曲の最初のほうでは、聴き逃してしまっている音があるかもしれないからだ。

> **POINT**
> 耳がまだ慣れないときに耳コピした場所は、あとでもう一度確認するとよい。

6 M02〜M10のドラムス・パートを耳コピする

M02以降もM01と同じ要領で進めればいいが、曲が進むにつれてさまざまな要素が加わり、難易度が増していく。ここでは特に注意を要する点を曲ごとに解説していこう。

M02 ドラムス・パート

ハイハット・オープンが加わる。
また、4小節め4拍め辺り、キックの位置にも注意が必要だ。
💡ヒント……16分音符の細かさが必要。
➡解答用の五線は298ページ（解答は300ページ）

M03 ドラムス・パート

ハイハット・オープンとスネアを同時に叩いたときの感触をこの曲で覚えよう。
➡解答用の五線は302ページ（解答は304ページ）

M04 ドラムス・パート

タムがいくつか入る。フロア・タムの響きをしっかり感じ取ろう。
➡解答用の五線は306ページ（解答は308ページ）

M05　ドラムス・パート

　スネアに注意して聴こう。基本的な偶数拍以外の場所にも弱い音で聞こえる場所がある。

　4小節めの楽譜の書き方は、ドラム譜に慣れていないうちは難しいと思うが、まずは解答を見ずにトライしてみてほしい。

　また、8小節2拍めには16分音符の連打があり、スネアのあとにタムが聞こえる。スネアとタムがどのように叩かれたのか（下図参照）をしっかり把握することが重要となる。それがわかったあとに、タムのピッチの高低を聴き取ろう。

　スネアだけ、タムだけと、それぞれに集中して個別に耳コピしていれば、おのずと回答も得られるが、テンポの速い曲ではどこでスネアからタムに切り替わったかは、スネアとタムをいっしょに聴かなければわからない場合がある。

　このようなスネアとタムが絡んだリズムは、曲の転換場所においてしばしば使われる手法だ。

➡解答用の五線は310ページ（解答は312ページ）

M06　ドラムス・パート

　4小節め、6小節め、8小節めのリズムの変化に注意しよう。

➡解答用の五線は314ページ（解答は316ページ）

また、耳コピしたものをDAWに入力している場合、8小節めの16分音符のスネアのベロシティは次のようになっている。参考にしてほしい。

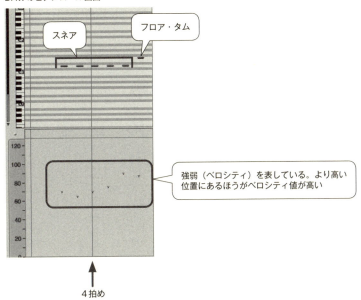

DAWのピアノロール画面

M07　ドラムス・パート

ハイハットのオープンとクローズが絡んだリズムが、この曲の基本リズムとなっている。

➡解答用の五線は318ページ（解答は320ページ）

M08　ドラムス・パート

5小節めからはハイハットの刻みがなくなる。その代わりとなっているのは何の楽器かをしっかり聴き分けよう。

同じ5小節めからは、キックのリズムにも変化が起きる。
　また8小節2拍めの16分音符4つは、スネア→タム→フロアタム→キックへとスイッチしている。この流れをしっかり聴き取ろう。
➡ 解答用の五線は322ページ（解答は324ページ）

M09　ドラムス・パート

　ハイハットの刻みに16分音符の動きが用いられ、それがこの曲の基本リズムとなっている。6小節め、8小節めは複雑なリズムとなっているのでしっかり聴き取ろう。
　ただし、基本的には"キックだけを聴く""スネアだけを聴く""タムだけを聴く"……というように1つひとつの楽器に集中して耳コピをし、その結果の集合体としてドラムができあがるという手順に変わりはない。
➡ 解答用の五線は326ページ（解答は328ページ）

> **POINT**
> 楽器ごとに集中して耳コピすることを、私は山の両側からトンネルを掘る工事に例えることがある。測量をしっかりおこない、確実に掘り進めていけば、お互いが見えていなくてもトンネルは無事に開通することができる。耳コピの場合も、それぞれの楽器をしっかり耳コピすれば、最終的に完成度の高い耳コピができあがるのだ。

M10　ドラムス・パート

　これまでのさまざまな要素が盛り込まれたドラムとなっている。また、この曲では3種類のクラッシュを使用している。しっかりと耳コピしてほしい。
➡ 解答用の五線は330ページ（解答は332ページ）

7 M11～M15のドラムス・パートを耳コピする

　M10までの曲は奇数拍がキック、偶数拍がスネアという、167ページのドラムパターン1のリズムが基本にあったが、M11～M15の曲ではその基本が変わる。ロック調の曲で用いられることの多いリズムだ。

M11、12　ドラムス・パート

　M10までの曲に比べるとテンポが速くなるが、耳コピは難しくないだろう。

■M11
➡解答用の五線は334ページ（解答は336ページ）

■M12
➡解答用の五線は338ページ（解答は340ページ）

M13　ドラムス・パート

　M11のリズムを基本に、ハイハット・オープンで刻むパターンだ。5小節めからキックが少し変化するので聴き逃さないようにしよう。
➡解答用の五線は342ページ（解答は344ページ）

M14　ドラムス・パート

　2小節め、4小節めの4拍めに16分音符が4つ連続して演奏されるが、これはスネアだけではないので注意しよう。

この曲でも5小節めからキックのリズムが変化するが、これについては、このあとで解説しよう。

➡ 解答用の五線は346ページ（解答は348ページ）

 以下はM14を耳コピしてから読もう

5小節めからのキックの変化について解説しよう。

5小節めも6小節めも4拍めに2回、キックが聞こえる。これが4小節めまでにはなかったリズムだ。

だがよく聴いてみると、2拍めでもキックが2回聞こえるようでもある。特に6小節めのほうがそう聞こえる。そうかといって2つの音はまったく同じではなく、2つめのほうが小さく聞こえる。そこで考えるのは、"2つめの音は小さめに演奏している（ベロシティを下げている）のかもしれない"ということだ。

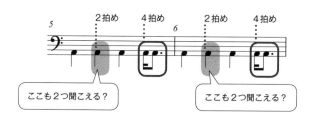

しかしこの場合それは間違いであって、実際にはどちらの小節でも2拍めのキックは1回しか演奏されていない。実は、ほかのパートの音（この曲ではエレキギターの低音成分）がキックの音に聞こえてしまっているのだ。

この現象は、M014の楽器別のファイルを使って検証することができる。

［All］トラックをミュートし、［E-Guitar］トラックのON/OFFを切り替えて聴き比べるとわかる。［E-Guitar］をONにしてドラム、ベースなどといっしょに聴くとキックが2回聞こえ、OFFにして聴くとキックは1回しか聞こえない。

残念ながらこれを聴き分けるための決まった方法はない。"質感で判断""キックのアタック音の有無で判断""前後の小節から類推""繰り返し小節を参考にする"など、考えられる方法を総動員して最終的に判断しなければならない。

とても難しいポイントだが、こういったところまで気づき、さらに聴き取れるよう

7 M11〜M15のドラムス・パートを耳コピする

になっていれば、耳コピのための耳がかなりできあがっていると考えていい。

> **POINT**
> 微妙な音の聴き分けには、
> 　　「音の質感から判断する」
> 　　「左右の広がりから判断する」
> 　　「ほかの小節から類推する」
> 　　「楽器の奏法と演奏上の制約を考える」
> 　　「演奏はシンプルであると考える」
> など、多方面から考えることが重要だ。

M15　ドラムス・パート

　この曲では8分音符をハイハットではなく、ほかの楽器が刻んでいる。どの楽器か、よく聴いてみよう。

➡ 解答用の五線は350ページ（解答は352ページ）

 以下はM15を耳コピしてから読もう

　正解は、クラッシュだが、ハイハット・オープンで刻んでいるようにも聞こえるだろう。ハイハット・オープンのほうは2枚のシンバルが触れあって"シュワーッ"というような独特の音がするのでそれとわかる場合もあるが、この判別は実はかなり難しい。

185

ハイハット・オープンとクラッシュの刻みを聴き比べる音データを用意した。楽譜で示したように、前半2小節はハイハット・オープンで、後半2小節はクラッシュで刻んでいる。

 ［ハイハット・オープンの刻みとクラッシュの刻みを聴き比べる］

　このように同一曲のなかで2種類の演奏があれば比較することで聴き分けることができるのだが、どうしても判別できない場合は、"音楽の流れから考えて演奏者がどっちで叩きたいと思ったか？"演奏者の気持ちを想像するしかないこともある。

8 M16〜M30のドラムス・パートを耳コピする

M16からM20までは、曲の雰囲気に合わせてさまざまなリズムで構成されている。

M16、17 ドラムス・パート

スネアのフレームをスティックの側面で叩く"リムショット"が使われている。本書では次の書き方で統一している。

　[リムショット]

■M16
➡解答用の五線は354ページ（解答は356ページ）

■M17
➡解答用の五線は358ページ（解答は360ページ）

M18 ドラムス・パート

リムショットと普通のスネアと、両方の音が使われている。
➡解答用の五線は362ページ（解答は364ページ）

M19　ドラムス・パート

9小節めに聞こえる3つのタムに注意してほしい。
➡ 解答用の五線は366ページ（解答は368ページ）

 以下はM19を耳コピしてから読もう

左の楽譜（a）が正解だが、音を聴いてみると、（b）のように2つめ、3つめの音が違って聞こえる。

これは、叩く強さ（ベロシティ）が違うことに起因する。タムを耳コピするときは"左右の位置"を頼りにハイ・タム、ロー・タム、フロア・タムの区別をするとミスがなくなる。叩く強さが変わると音の感触は変わるが、左右の位置は変わらないからだ。

> **POINT**
> 複数のタムの聴き分けは、左右の位置から判断する。

M20　ドラムス・パート

この曲ではライドが一定のリズムをキープしている。
➡ 解答用の五線は370ページ（解答は372ページ）

8 　M16〜M30のドラムス・パートを耳コピする

 以下はM20を耳コピしてから読もう

ライドのパートを楽譜にすると次のようになる。

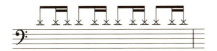

ずっと同じリズムがキープされているかどうか注意深く聴いていくと、ときどきライドの音が聞こえない箇所があるのがわかる。たとえば4小節めの1拍めの裏、矢印の箇所だ。

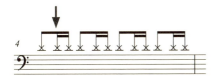

これは耳コピにおいて難しい問題を含んでいる。矢印の箇所は、実際には演奏している（個別ファイルを聴けばすぐにわかるだろう）のだが、ほかの音（ここではChorus-Guitarのようだ）が邪魔をして聞こえなくなっている。

こういった現象を「マスキング効果」という。カフェやレストランなどで音楽が流れているのは、お店の雰囲気作りという効果ももちろんあるが、音楽を流すことで近くの席に座っている人の会話を聞こえにくくする（マスキング効果）という側面も持っている。

耳コピでこのような状況になった場合は前後の小節から類推するというのが1つの方法だが、これをもう一歩進めて考えてみよう。いくら前後の小節では聞こえていてもその小節だけは演奏していないのかもしれない。M21のようなアップテンポの曲では"ある場所"だけハイハットの音が聞こえなかったとしても、それはほかの楽器にマスキングされたと考えるべきだろうし（M01の解説176ページも参照）、ゆったりムードの曲で生身の人間の演奏であったとしたら、そこだけ演奏しなかったことも十分に考えられる。もしかしたら気分に浸っていてつい空振りしたのかもしれない。つまり、聞こえない音は、実際には演奏されているかもしれないし、やはり演奏されていないかもしれない。

こういう問題に直面したときは広く総合的に考えて判断しなければならない。M14のキックのところで書いたように"聞こえるから入っている"とか、その反対に"聞こえないから入っていない"と、いずれも早計に判断してしまっては精度の高い耳コピはできない。

> **POINT**
> 聞こえるから入っているとは限らない。また逆に、聞こえないからといって、入っていないとも限らない。

M21　ドラムス・パート

　この曲からドラムの音色が変わる。リズムそのものは難しい曲ではないが、ギターが派手な音色なので、これまでの曲のようにドラムの各音がはっきりとは聞こえないだろう。

➡ 解答用の五線は374ページ（解答は376ページ）

M22　ドラムス・パート

　これも難しい曲ではない。2枚のシンバルが使われているが、きちんと違いがわかるように書けばOKだ。

➡ 解答用の五線は378ページ（解答は380ページ）

M23　ドラムス・パート

　ハイハット・オープンが絡んでいたり、16分音符の細かい動きが入っていたりと、前の2曲よりは難しいリズムとなっている。

➡ 解答用の五線は382ページ（解答は384ページ）

8　M16～M30のドラムス・パートを耳コピする

> M24　ドラムス・パート

ちょっとした変化を逃さずに察知できるかどうかがポイントだ。
ヒント……5小節めの最後の辺り！

➡ 解答用の五線は386ページ（解答は388ページ）

> M25　ドラムス・パート

シンコペーションが特徴的な曲だ。
➡ 解答用の五線は390ページ（解答は392ページ）

⚠ 以下はM25を耳コピしてから読もう

この曲のように4拍めの裏でクラッシュ＋キックのキメが入ったときは、次の小節の頭ではドラムは演奏しないことが多い。

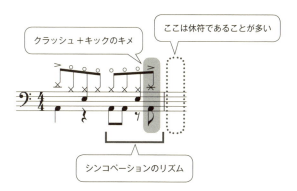

問題はどこから再びリズムを刻みだすかだ。1拍めの裏から刻みはじめるのか、2拍めの頭から刻みはじめるのかをきちんと聴き取ろう。

191

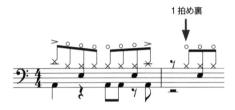

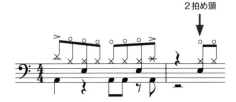

M26　ドラムス・パート

難しい曲ではないので、耳コピは簡単にできると思う。
➡ 解答用の五線は394ページ（解答は396ページ）

M27、28　ドラムス・パート

どちらも難しい曲ではないが、それぞれ判断が難しい場所がある。

M27は4小節4拍めにタムが2つ入るが、同じタムなのか、高さの違うタムなのかの聴き分けには注意を要すると思う。

M28も4小節4拍め。スネアに続いてタムが3つ入る。それと8小節4拍めにもタムが4つはいる。これらも高さをしっかり聴き取ろう。ベースのところで紹介した、その部分だけを聴く方法（145ページ参照）を試してみると、高さが同じかどうかがわかると思う。

■M27
➡ 解答用の五線は398ページ（解答は400ページ）

8 M16〜M30のドラムス・パートを耳コピする

■M28
➡解答用の五線は402ページ（解答は404ページ）

M29　ドラムス・パート

　この曲はハイハット・オープンが入っていることはすぐにわかるだろう。問題はオープンされたハイハットがいつクローズされるかだ。オープンの余韻がなくなる場所がクローズの場所と考えられるので、余韻を含めてしっかり耳コピしよう。
➡解答用の五線は406ページ（解答は408ページ）

⚠ 以下はM29を耳コピしてから読もう

　2拍めの頭はペダル・ハイハット（フット・ハイハット）が正解だが、ハイハット・クローズでもOKだ。ペダル・ハイハットとは、左足でペダルを踏んで2枚のハイハットを閉じることで音を出す奏法で、スティックで叩かなくても音が出る。ハイハット・オープンのあとにペダル・ハイハットを入れるとハイハット・クローズと同じように延びたハイハット・オープンの音を止めることができる。

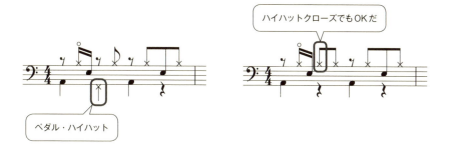

　しかしそれがハイハット・クローズなのか、ペダル・ハイハットなのかを聴き分けることは、事実上不可能に近いので、ここはどちらでも正解といえる。しかし、ドラム奏者のことを考えると、この曲ではハイハット・クローズよりもペダル・ハイハットのほうが右手の動きがラクになる。楽譜を見ながら実際にドラムを演奏するまねを

してみるとわかるが、2拍めの頭にペダル・ハイハットを使うと、右手はハイハットを裏拍で叩くだけのシンプルなリズムとなる。

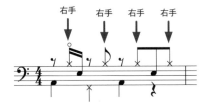

ここまで考えることができれば、解答と同じ答えを導き出すことが可能だ。

M30　ドラムス・パート

複雑なリズムではないので耳コピは簡単にできると思う。
➡ 解答用の五線は410ページ（解答は412ページ）

 以下はM30を耳コピしてから読もう

最後の余韻をよく聴くと、クラッシュの余韻のほかに、矢印のハイハット・オープンの余韻がこの辺りまで聞こえる。2枚のハイハットが軽く触れあう音がハイハット・オープンの独特の音なので、この音のフィーリングをしっかり覚えてほしい。

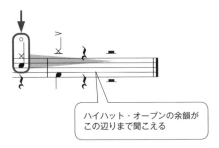

バンド耳コピの実際

第 4 章

ギターの耳コピ

1 楽器を知る

■代表的なギター

 ギターの弦は6本あり、低いほう（写真左）からE（6弦）、A（5弦）、D（4弦）、G（3弦）、B（2弦）、E（1弦）にチューニングされている。エレキギターもアコースティックギターも同じチューニングだ。

1 楽器を知る

  [ギターの開放弦]

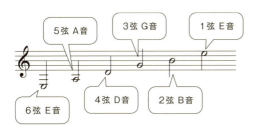

※ベースと同じように、実際にはこれより1オクターブ低い音が出る。

また、Cメジャースケールの「C-D-E-F-G-A-B」は次のように並んでいる。

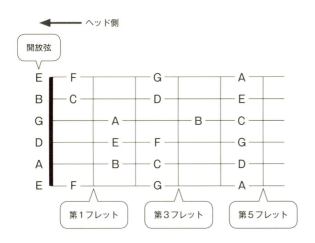

ギターには特有の奏法があるので、これをしっかり耳コピしよう。
また、弦の数やフレットからくる演奏上の制限があるが、これがかえって耳コピでは役立ってくれる。たとえばコードGを例に見てみよう。

ギターでは、同時に演奏できるのは6音までということはもちろんだが、コードGを次の楽譜のようには弾けない。

下から順に6弦、5弦……と割り当てていくと、矢印で示した一番上の"レ（D音）"は1弦で演奏することになる。しかし、前ページの楽譜を見ていただくとわかるが、この"レ（D音）"は1弦の最低音より低く、1弦で弾くことはできないのだ。

コードGは1弦も含めた6音で弾く場合、次のように弾く。

このようにギターの演奏上の制約は耳コピでは便利に働くので、ぜひ利用したい。ギターを弾けない人にも制約も含めてなるべくわかりやすく説明しているので、本書を参照し、エアギターのように実際に腕や指を動かしながら読み進めていただきたい。

また、より完全にコピーしたいのであれば、やはり耳コピの練習と平行してギターを練習したほうがいい。

POINT
ギターの演奏上の制約を耳コピに役立てる。

ギターを耳コピする前に、コードを聴き取る必要があるがM01〜M04については先にコードネームを示しておくことにする。聞こえたサウンドからコードを見つける方法は209ページ以降で解説する。

2 M01のコード進行

　Cメジャーの基本的なコードは次のとおりだ。本書でもM05まではこのなかのコードのみを使っている。
　また、コードCであってもベースはCではない場合（オンコード[注1]）もあり、その場合は「C/E」（コードはC、ベースはE）のように表す。

※ Bm(♭5)はあまり使われることはない。コードブックにも載っていないことがあるくらいだ。

　M01で使うコードはオンコードを含めて、C、C/E、Dm、F、G、G/B、Am、Am/Gの8つ。

■ C、C/E

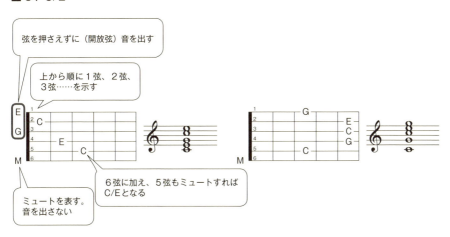

注1　通常、コードネームが示したアルファベットの音をベースで弾く（AmのベースはAというように）が、G/Bではベースが B、Am/GではベースがGであることを意味する。CとCmの違いや、セブンスコードのでき方などコードネームの詳しい説明は専門の本で勉強しておこう。私が書いた『耳コピ力アップ術』（スタイルノート刊）がおススメだ。

POINT

同じコードでも複数の押さえ方があり、押さえ方が異なるとサウンドが変わる。どの押さえ方をしているかも聴き取らなければ、完コピとはいえない。

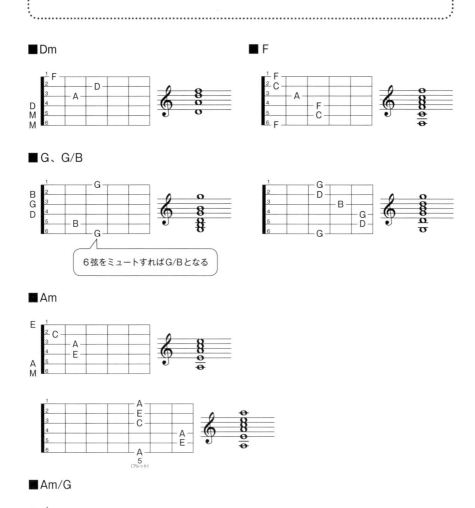

2　M01のコード進行

M01では、これらのコードが次の順に使用されている。

この曲には2本のギターが用いられている。1つは左側から聞こえるアコースティックギター。次のリズムで繰り返し演奏される。

もう1つは、右側から聞こえる少しコーラスエフェクトのかかったエレキギター。主にコードチェンジのたびにコードストローク[注1]を演奏している。

まずは左側から聞こえるアコースティックギターから耳コピしていこう。

➡ 解答用の五線は294ページ

注1　【コードストローク】低いほうの6弦から1弦にかけて（ダウンストローク）、あるいは高いほうの1弦から6弦にかけて（アップストローク）、一気にジャーンと弾く奏法。8分音符や16分音符のリズムで連続的にストロークを弾く場合は、ダウン-アップ-ダウン-アップと交互にストロークすることが多い。4分音符やそれより長い音符では、ダウンストロークのみで演奏する。

3 M01のアコースティックギター・パートを耳コピする

　1小節めの前半のコードはCとわかっているが、199ページにあるようにコードCには2つの押さえ方がある[注1]。

　2つのうちのどちらの押さえ方であるかは、一番高い音（の4番めの音）を聴き取ればよい。最高音とはギターの場合、多くは1弦が出す音だ。ギターに限らず和音が聞こえたとき、最高音が一番聴き取りやすい。専門外なので詳しいことはわからないが、人間の耳の性質という面もあるだろう。また、演奏者が一番高い音を目立つように弾く傾向があることや、高い音をスッキリ聞こえやすくするようにミキシングすることが多いということなども影響しているだろう。

　曲を再生して左側のギターを注意深く聴くと、最初のコードCのところの最高音はE音であることがわかる。よって、このコードCの押さえ方は、199ページで紹介した1つめの押さえ方であるとわかる。この押さえ方で出せるのは、

の5音だ。一番高い音のその手前、さらにその手前と考えながら、実際の音で確認すれば、3音めがC音、2音めがG音であることまでは容易にわかるだろう。

これらの音は聴き取れると思う

注1　実際にはこの2つ以外にもさまざまな押さえ方の可能性があるが、可能性を全部拾い上げると混乱するだけになるので、本書では特に断りがない限り、オーソドックスな押さえ方を用いることにする。

1番めの音は、消去法から（a）または（b）となる。

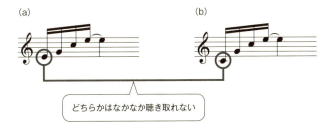

実際は（b）のほう（C音）が正解だが、ここでC音を聴き取ることは不可能に近い。それはコードのルート音であるからベースも同じ音を演奏しているし、ほかの楽器でも同じ音を演奏しているだろう。同じ音が同時に演奏されると、たとえオクターブの違いなどはあっても聴き分けは難しくなる。

また、はっきり聞こえないということは、実は（a）でも（b）でもなく、ここでは弾いていない（休符）という可能性もある。ここはどのように考えれば正解の（b）へ辿り着くことができるのだろうか。

まず、弾いていない可能性について考えてみよう。

ギターのアルペジオでよく用いられるこの16分音符のパターンでは、テンポにもよるが、拍の頭を休符にすると、演奏者にとっては音楽の流れに乗りにくくとても不自然なものとなる。エアギターで、曲に合わせて次のリズムを弾くまねをしてみると、その弾きにくさを実感できると思う。

音楽に乗りにくいアルペジオパターン

そういったことから、ここには音があるとわかる。

次に（a）か（b）かを見極める方法を2つ解説しよう。

1つは、"もし（a）の楽譜が正解だとしたら、聞こえるはずのE音が聞こえるかという観点で音を聴く"という方法だ。

ファイルを再生してE音があるかどうかよく聴いてみてほしい。ほかのパートでE音を演奏しているかもしれないし、倍音[注1]の音も聞こえてしまっている可能性があるから、単にE音があるかどうかではなく、目的としているアコースティックギターの音でE音が演奏されているかどうかという耳で聴かなければならない。

　ベースのところでも書いたように、1つの音色に注意して聴き続けているとその音色に対して次第に敏感になるので、耳がそういう状態になるまで左側のギターを何回も繰り返し聴いてみよう。しかし、何回聴いてもE音は聞こえない。

　2つめは、方法というより知識になるが、ギターで  のアルペジオ・パターンを弾くときは、特に意図しない限りは最初の音はコードのルート音を弾くというのが通例になっているということだ。

　E音が聞こえないことと、アルペジオでの通例と、両方をあわせて考えると、ここは（b）であると判断できる。

　このようにして、1小節めのコードCのアコースティックギターが耳コピできた。

　1つめのアルペジオがこのように導き出されたが、特にギター・パートの耳コピでは最初の箇所をしっかり時間をかけて間違いなく耳コピすることが肝心だ。ギターのアルペジオやストロークは、コードが変わっても基本的には同じような弾き方をすることが多い。最初のところをしっかり耳コピできればそのあともスムーズに耳コピが進むが、最初のところで間違っていると、そのあとの耳コピはうまくいかない。表現は適切ではないかもしれないが、"最初に嘘をつくとそれを守るために2つめの嘘をつ

注1 楽器が出す音には倍音が含まれている。仮に"C音"を演奏すると、次の音が倍音として小さい音で聞こえる。

3 M01のアコースティックギター・パートを耳コピする

かなければならず、2つめの嘘を守るために3つめの嘘をつかなければならなくなる"ということがあるが、それと同じようなことが耳コピでも起こる。最初の段階で耳コピに間違いがあると、そのあとも間違いが続いてしまうのだ。

この曲のアルペジオの基本パターン / コードのルート音 / 3弦 / 2弦 / 1弦 / コードが変わってもこの基本パターンをまずはあてはめて考えてみる

POINT

時間をかけて、最初のパターンをしっかり耳コピする。それがそのあとの耳コピを助ける。

1小節めの後半のコードはG/Bだ。コードGにも2つの押さえ方があるが(200ページ参照)、のアルペジオパターンで、1番めの音をコードのルート音(ここではコードG/BなのでG音ではなくB音となる)と仮定すると、押さえ方は1つしかない。楽譜にすると次のようになる。

この曲の基本パターンをあてはめると、ここは次のように予測できる。

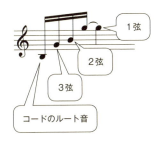

1弦 / 2弦 / 3弦 / コードのルート音

205

コードCではルート音→3弦→2弦→1弦、それに続くコードG/Bでは基本パターンが変わってルート音→4̇弦→2̇弦→1弦などと複雑な弾き方は通常おこなわれない。演奏はシンプルなことが多いのだ。

> **POINT**
> 演奏はシンプルである

この予測をもとに実際の曲を聴いてみよう。相変わらず1番めの音は聴き取りが難しいが、2番め以降の音は予測のとおりになっているのがわかると思う。

> ただ、実際に聴いてみると、2番めの音はB音であるようにも聞こえる。
>
>
>
> ここはB音にも聞こえる
>
> アコースティックギターのパートをソロで聴いてみると、ここは確かにG音で演奏されている。ここがB音にも聞こえてしまうのは、ほかのパートの音がギターの音に重なって聞こえてしまっているからだろう。しかし、耳がギターの音に慣れてくると次第にG音に聞こえてくる。

2小節め以降も同様に、コードの各音とこの曲の基本パターンとを合わせて予測しながら実際の音を聴いていけば、解答が得られるだろう。

➡解答は296ページ

4 M02〜M04のアコースティックギター・パートを耳コピする

M02〜M04は、M01同様に考えれば耳コピできるだろう。
💡ヒント……M04とM05の曲の最後の音は単音ではないので注意！

以下にM02〜M04のコードを示しておく。これらのコードを五線に書き写してから耳コピをしよう。

M02　アコースティックギター・パート

➡解答用の五線は298ページ（解答は300ページ）

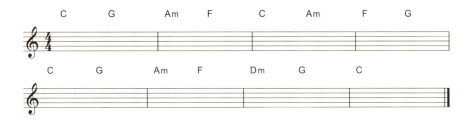

バンド耳コピの実際 | 第4章 ギターの耳コピ

M03　アコースティックギター・パート

➡ 解答用の五線は302ページ（解答は304ページ）

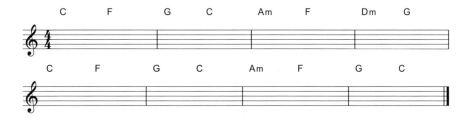

M04　アコースティックギター・パート

➡ 解答用の五線は306ページ（解答は308ページ）

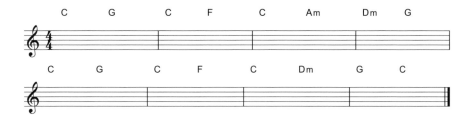

5 M05を使って コードネームの導き方を解説①

　ベースも含めてここまでをしっかり耳コピしてくれば、ほとんどの場合、ベース音がコードネームの最初のアルファベットと同じになっていることがわかるだろう。

M01の場合

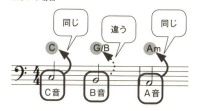

　つまり、ベースを耳コピした段階で、コードネームの最初のアルファベットの部分はかなりわかっているのだ。それを楽譜にすると次のようになる。

すでに耳コピしたベース

　次に考えなければならないのは「？」の部分だ。ここはメジャーコードかマイナーコードかを表記する場所だ[注1]。実際に楽器を弾いて比べれば8小節め前半のコード以外はメジャーかマイナーかがすぐにわかる。

注1　メジャー、マイナー以外にも、セブンス、ナインス、♯5、♭5など、さまざまなコード表記がある。

最初のうちは面倒でも、コードの各音を実際に自分で弾いて、サウンドのなかにその音が確かに聞こえるかどうかを確かめたほうがよい。"なんとなく合っている気がする"ではなく、たとえばコードがCならば、その構成音「C、E、G」のなかのEの音を楽器で出して、それと同じ音が曲のなかで聞こえるかどうかをしっかり聴き取る。聴き取れたら次にGの音を出して同じように確認する。今はコードを判定するだけなので、何の楽器の音でもいいし、E音がG音より高くなっていてもかまわない。

　さて、問題の8小節め前半のコードだが、ここはメジャーコードでもマイナーコードでもしっくりしない。実はこのコードは、メジャーコードでもマイナーコードでもないsus4コードといって、C音をルートとした場合にはC、F、Gの音で構成される。ギターでは次のように弾く。

■ Csus4

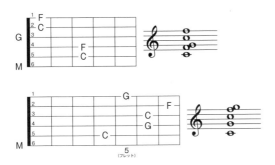

　楽譜で見ると複雑に見えるかもしれないが、sus4コードはキャラクターが強いので耳コピにとってはとても簡単なコードだ。一度その響きを覚えてしまえば、すぐにそれとわかる。

　以上のことから、M05のコードネームは次のようであることがわかる。

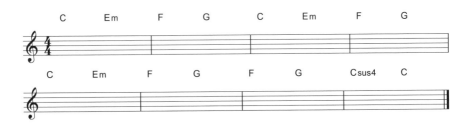

5　M05を使ってコードネームの導き方を解説①

M05　アコースティックギター・パート

コードネームがわかれば、あとはM04までと同じように耳コピすればOKだ。
→解答用の五線は310ページ（解答は312ページ）

sus4コードのほかに、この曲ではじめて出てくるコード、Emの押さえ方は次のとおり。

■Em

M05までは、シンプルなコードのみを使っている。課題が進むにつれて、複雑なコードも用いているので、それらについてはそれぞれの課題で解説する。

6 M06を使って コードネームの導き方を解説②

　M06では、M05より複雑なコードが用いられている。まずはベースをもとに次のように候補を立ててみよう。

※これらのコードは141ページで記入ずみ

　M05のときと同じように、楽器で音を出して確認しながら、メジャーコードなのかマイナーコードなのかを確認していこう。そうするとこの曲では、次の■で囲った箇所がメジャーでもマイナーでもsus4コードでもないことが、すぐにわかる。

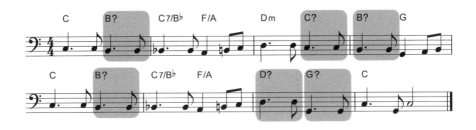

　"ベース音がコードのルート音ではない場合のコードの見つけ方"、これがこの項で説明したい事柄だ。

6 M06を使ってコードネームの導き方を解説②

コードについて

コードは3度音程ずつ離れた3つの音でできている。

「音程」とは、2つの音がどれくらい離れているかを示す言葉で、「1度」「2度」「3度」などのように、「度」を使って表す。たとえばC音とD音は2度の開きがあり、C音とE音は3度の開きがあるという。音程については音楽理論の専門書を参照してほしい（前出、『耳コピ力アップ術』にも音程についての解説がある）。

POINT
コードは3度音程ずつ離れた3つの音でできている。

そして、3つ重ねた一番下の音（ルート音）の音名をコードネームの最初に書く決まりとなっている。

コードCとコードFを例にすれば次のようになる。

だから、コードCは"C、E、G"であり、コードFは"F、A、C"となる。このとき、"C、E、G"や"F、A、C"を「コードトーン」、または「コードの構成音」といい、一番下の音を「ルート音」という。

コードは、ときには一番下の音（ルート音）ではない音がベースになることがあり、そういうコードのことをオンコードと呼んでいるということは143ページでも触れた。M06の■で囲った箇所がこのオンコードなのだ。そのため、ベース音はコードの一番下のルート音ではなく、コードの真んなかの音（第3音という）か、上の音（第5音という）という可能性が出てくるわけだ。

オンコードの見つけ方　その1

1小節めの後半のB音で見てみよう。

このB音がコードのルート音ではないとすると、次の2つの可能性が出てくる。

　　　　　　　　　　第3音がベースの場合　　第5音がベースの場合

　真んなかの第3音がB音であるコードはメジャーコード、マイナーコードの可能性まで広げて考えればGかG♯mであり、第5音がB音であるコードはEかEmであるが、199ページで説明したように、G♯mやEはCメジャーキーの基本的なコードではないのでその可能性は低い。だからここは次のいずれかのコードではないかと推測できる。

 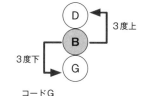 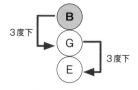

　　　　　　　　　　コードG　　　　　　　　コードEm
　　　　　　　　　　ベースがB音なので「G/B」　ベースがB音なので「Em/B」

　ここまで絞れれば、あとは実際に音を聴いて確認すればよい。2つのコードの違いはD音とE音である。聴いてみるとE音は聞こえずに、D音が聞こえる。これはすぐに聴き取ることができるだろう。よって、ここのコードはG/Bであることがわかる。

> **POINT**
> コードの構成音が1つでもわかれば、その音を中心として3度上か下、またはその両方に、コードの構成音がある可能性が出てくる。これを利用すればコードを導き出せる。

オンコードの見つけ方　その２

　ベースがルート音ではない場合をコードが３つの音でできている場合として説明してきたが、セブンスコードまで考えれば４つの音でできている場合も考えなければならない。また、これまでの本書の曲のように比較的シンプルなコードであれば予測もしやすいが、複雑なコードの場合にはいろいろと予測を立てるよりも、手当たり次第にどんどん音を聴いていってしまったほうが早い場合も多い。

　そこで、２小節めのコードはすでにベースのところでC7/B♭と説明しているが、この"手当たり次第に探ってコードを導き出す"方法で解説しよう。手当たり次第といっても闇雲に探すのではなく、ある程度の予測は可能だ。また、ここで解説する方法は複雑なコードにも使えるので、ぜひマスターしておきたい。

　213ページで"コードは３度音程ずつ離れた３つの音でできている"と書いた。セブンスコードであればそれが"３度音程ずつ離れた４つの音"、ナインスコードであれば"３度音程ずつ離れた５つの音"となる。これはつまり、どれか１つでもコードの音がわかったら、その３度上か３度下にも音があるということを意味している。

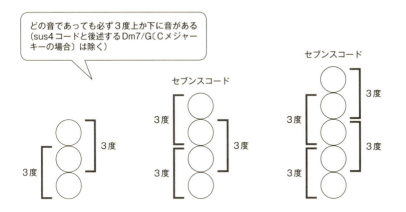

> どの音であっても必ず３度上か下に音がある（sus4コードと後述するDm7/G（Cメジャーキーの場合）は除く）

POINT

コード音の３度上か３度下にも音がある。
※sus4コードと後述するDm7/G（Cメジャーキーの場合）は除く

だから、わかっている音をもとに3度下か3度上（※）にある音を探し、見つかった音のさらに下または上を探していく……というふうにすれば、求めるコードの音が得られる。

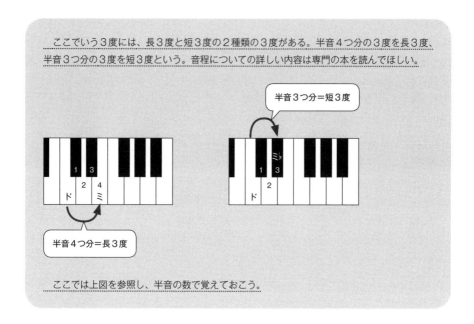

ここでいう3度には、長3度と短3度の2種類の3度がある。半音4つ分の3度を長3度、半音3つ分の3度を短3度という。音程についての詳しい内容は専門の本を読んでほしい。

ここでは上図を参照し、半音の数で覚えておこう。

■2小節め前半のコード

では、2小節めのベース、B♭音から実際にコードC7/B♭を導き出す過程を見てみよう。

3度下から調べよう。長3度下の音はG♭音、短3度下の音はG音。下といっても探す音はベースのB♭音より低いG♭音やG音ではなく、オクターブの違うG♭音、G音でもかまわない。楽器で音を出しながら実際の曲を聴いてみればすぐにわかるが、G♭音は使われていない。一方、Gの音は左側のアコースティックギターのアルペジオのなかに見つけることができる。

このとき"なんとなく聞こえる"ではなく、いずれかの楽器でその音を演奏していることをはっきりと聴き取る必要がある。"違和感はない・不自然ではない"や "なんとなく聞こえる"では倍音が聞こえてしまっていることもあるから、答えを間違えてしまう。

たとえば前後のコードにもよるが、実際はG7のコードのところにAの音を重ねて聴くとA音も入っているように聞こえてしまい、コードをG9であると間違えてしまう。Aの音を何かの楽器で実際に演奏しているかどうかを聴き取らなければ、このような間違いを起こしてしまう。

ではこのG音の3度下(長3度下のE♭音、または短3度下のE音)に音はあるだろうか。もしG音の3度下に音がなければ、コードネームのルート音はG音だとわかる。

実際に聴いてみると長3度下のE♭音は激しい違和感があるが、短3度下のE音はしっくりするだろう。実際にE音を演奏しているパートがあるかどうか聴いてみると、キーボードの和音のなかにE音を見つけることができる。よって、コードGの可能性は消える。

同様にE音の3度下に音(長3度下のC音、または 短3度下のC♯音)はあるだろうか。聴いてみると、やはりキーボードの和音のなかに、あるいは右側のアコースティックギターのアルペジオの3番めのところでC音が聞こえる。

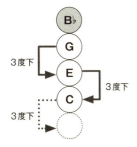

さらに続けてC音の3度下に音(長3度下のA♭音、または 短3度下のA音)はあるだろうか。これはない。長3度、短3度、いずれも激しい違和感を感じるだろう。C音より下には音がないことで、このコードのルート音はC音であることがわかる。

これで終わりではない。出発点のB♭音から3度下へ探ってきて、C音まで音があるのことはわかったが、3度上も検証する必要がある。B♭音の3度上に音（長3度上のD音、または短3度上のD♭音）はあるだろうか。短3度上のD♭は違和感があるのでないことはすぐにわかるが、長3度上のD音は違和感はない。違和感がないからD音もあると考えるのは、先ほどG7の例で説明した現象もあるのでNGだ。実際にD音を演奏しているパートがあるかどうかを聴き取らなければならない。

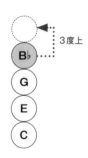

よく聴くと、メロディに8分音符の長さでD音が演奏されている以外、伴奏のパートではD音は演奏されていない。メロディももちろんコード形成の一端を担うから無視はできないが、このように短い音符で使われているときはコードの音としては考えないことが多い。よって、ここはD音は入っていないと判断する。

以上でコードの音はすべてそろったので、2小節め前半のコードネームが判明した。C7だ。ただし、ベースがB♭音なのでC7/B♭となる。

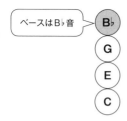

■2小節め後半のコード

2小節めの後半もすでにF/Aとわかっているが、実際に音を確かめてみよう。
ベースがA音を弾いているからA音を出発点として3度下に音（長3度下のF音、または短3度下のF♯音）はあるだろうか。聴いてみると、アコースティックギターの4番

6 M06を使ってコードネームの導き方を解説②

めの音がF音だ。

続いてF音の3度下に音（長3度下のD♭音または短3度下のD音）はあるだろうか。D♭音もD音もない。F音より下には音がないので、このコードのルート音はF音であることがわかる。

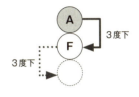

ではA音の3度上に音（長3度上のC♯音、または短3度上のC音）はあるだろうか。キーボードの和音のなかにC音を聴き取ることができる。

C音のさらに3度上（長3度上のE音、または短3度上のE♭音）は、というと、E音もE♭音もない。

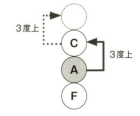

ということで、コードの構成音がわかり、コードネームはF/Aであるとわかる。

コードCはドとミとソでできている。コードFはファとラとドでできている。ベース音を除く構成音の並び順やオクターブの違いはコードネームに影響しない。

コードネームはどれも同じ

■3小節め後半のコード

まだわかっていない3小節めの後半のコードネームを調べよう。ベースはC音だが、コードCでもCmでもない場所だ。

手順はC7/B♭やF/Aのときと同じ。C音を起点として、3度上下に音のあるなしを調べていく。

まずは下から調べていこう。

C音の3度下に音（長3度下のA♭音、または短3度下のA音）はあるだろうか。キーボードの和音のなかにA音を聴くことができる。

A音の3度下に音（長3度下のF音、または短3度下のF♯音）はあるだろうか。アコースティックギターのアルペジオの4番めの音がF音だ。

さらにF音の3度下（長3度下のD♭音、または短3度下のD音）は……。アコースティックギターのアルペジオの3番めの音がD音だ。

D音の3度下（長3度下のB♭音、または短3度下のB音）、これはない。

次に上を調べてみよう。C音の3度上に音（長3度上のE音、または短3度上のE♭音）はあるだろうか。E音もE♭音もない。

よって、この場所は次のようになる。

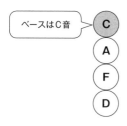

これを表すコードネームはDm7。ただし、ベースがC音なのでDm7/Cとなる。

ここで次の楽譜を見ていただきたい。これは3小節め、全パートの正解の楽譜だ。

前半のコードはDm。そして、1つひとつの音の動きをよく見ると、後半に出てくるC音はいずれもベース（E-Pianoの左手のベースも含む）のD音が下がったことによって生まれていることがわかる。ベース以外のパートにC音はない。

こういう場合はC音をコードネームのなかに入れずにDm/Cとしてもよい。コードネームというのは作者が他人にコードを伝えるためのものだ。Dm7/Cとすると、それを見た演奏者は、次の楽譜のように演奏するかもしれない。このように演奏してもらいたくなければDm/Cのほうが自分の意図を相手に正しく伝えることができる。

■ 4小節め前半のコード

4小節めの前半のコードネームはB音を起点として考えればよい。実際に音を聴いて調べればG/Bであることがわかるだろう。

■ 7小節め前半のコード

次に7小節めの前半。楽器で音を出してみるとここはDmでもよさそうだが、ここはDmではない。Dm7だ。3小節めと違って、ここはベース以外でもセブンスであるC音がしっかり聞こえている。同じ曲で、DmとDm7と両方のサウンドを聴けるめずらしい曲なので、この曲で両方のサウンドの違いをしっかり覚えてほしい。最近のポピュラー曲の多くでは、DmよりDm7のほうがよく使われる[注1]。

Dmはまったく使われないというのではないが、まずはDm7ではないかと考え、セブンスの音であるCの音があるかどうかを確認するほうが効率的だ。

■ 7小節め後半のコード

次に7小節めの後半。

ここはベースのG音をもとに、3度上または下の音を探そうとしてもうまく見つからない。しかし、このコードはとても簡単で、かなり多くのポピュラー曲で、ベースがG音のときにこのコードが使われている。ここはDm7/Gが正解だ。これは3度上下を調べることなく簡単にわかる。ベースがG音（Cメジャーキーの場合、スケールの5番めの音）の場合、コードGがしっくりしないとき、ほとんどの場合Dm7/Gが正解だから、耳コピのときもそれを念頭にコードを探せばよい。

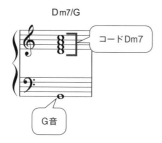

POINT
Cメジャーキーにおいて、ベース音がG音の場合、コードはGまたはDm7/Gであることが多い。

注1　Cメジャーキーではという意味だ。つまり、スケールの2番めの音（CメジャーキーではD音）をルートとするコードは、○mよりも○m7のほうがよく用いられる。たとえばGメジャーキーならAmよりもAm7が、FメジャーキーならGmよりもGm7がよく用いられる、ということだ。

4小節めの後半（コードG）と7小節めの後半（コードDm7/G）のサウンドを聴き比べて、その違いをしっかり覚えてほしい。

また、Dm7/G以外にもDm9/G、Dm7(♭5)/G、FM7/Gなどのコードもあるが、すべてDm7/Gから派生したコードだ。

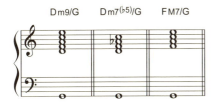

以上のことから、M06のコードは次のようになる。

あらかじめわかっているベース音を頼りにコードネームを判定する方法を説明してきた。この方法を用いれば複雑なコードでもしっかり判定できるので、M07以降の課題曲を使ってぜひマスターしていただきたい。

また、コードを探すときの3度上または3度下の音は、メロディや高い音、また16分音符などの短い音ではなく（これらはコードを構成する音ではない場合も多い）、中音域より下にある長めの音から探すのがよい。

M06　アコースティックギター・パート

　コードネームがわかったら、M06のアコースティックギターのアルペジオを耳コピしよう。これまでと同じように聴き取れば正解はわかるはずだ。
➡ 解答用の五線は314ページ（解答は316ページ）

　この曲で使う新しいコード、C7/B♭、F/A、Dm/C、Dm7、Dm7/Gの押さえ方は次のとおり。

■C7/B♭

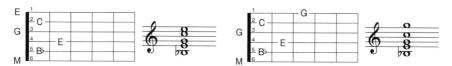

■F/A

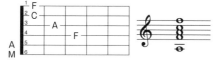

■Dm7

■Dm/C

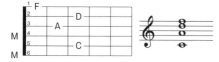

■Dm7/G

7 M07〜M10のアコースティックギター・パートを耳コピする

基本的な耳コピの方法はこれまでと同じ。ベース音をもとにコードを判定して、そのコードをもとにギターを耳コピすればOKだ。

M07 アコースティックギター・パート

➡解答用の五線は318ページ（解答は320ページ）

この曲であらたに出てきたコード、Em7、FM7、A7の押さえ方は次のとおり。

■Em7/G

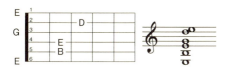

■FM7

■A7

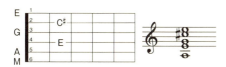

以下はM07を耳コピしてから読もう

M07については1点だけ補足しておく。

2小節めの後半のコードはDm7/Gだが、アコースティックギターは次の楽譜のようになっていて、16分音符の1番最初はこれまで説明して来たようにベースの音にはなっていない。これまでの流れに任せてベースと同
じG音にしてしまいやすい。それもそのはずで、G音ではなくD音であることを聴き分けることは不可能ではないにしてもかなり難しいので、ここはどちらでも正解としたい。

ここで覚えてもらいたいのはオンコードの場合、ギターは必ずしもオンコードどおりには弾かない、ということだ。ギター1本の伴奏であれば、ベースとなるG音をしっかり弾かなければならないが、ギター以外にベース・パートが入っている場合は、コード"□/○"の○の部分は弾かずに□のコードだけ弾くことがある。ベース音の○はベースに任せて、サウンド全体でコード□/○の響きを作るという考え方だ。これは、キーボードと違って弦が6本しかないことや、弾きにくさなども一因となっている。

しかしだからといってオンコードのベース音をまったく無視していいわけではなく、たとえばAm/Gではベースがgを弾いているのにギターがオンコードではないAmを弾いてしまうとベースのGとギターの5弦が出すAがぶつかってしまいサウンドを濁らせてしまうので、しっかりアレンジされた曲では5弦は弾かずに4弦より高い音を弾いている。逆にその部分が少し濁ったように聞こえる場合は5弦を弾いていることになり、そういったサウンドも耳コピでは重要な情報となる。

POINT

ベース・パートがある場合は、ほかのパートで演奏するコードの最低音はベース音でなくてもよい。

7 M07〜M10のアコースティックギター・パートを耳コピする

M08 アコースティックギター・パート

M08はこれまでのやり方で耳コピできる。7小節めは3拍めだけでなく、4拍めでもコードが変わる。

➡ 解答用の五線は322ページ(解答は324ページ)

M09 アコースティックギター・パート

M09の4小節めの後半はアルペジオではなく、単音のフレーズだ。左側のアコースティックギターの音を注意深く追っていれば、この場所でそれまで聞こえていたアルペジオがなくなるのですぐにわかる。アルペジオがないからといって休符になるわけではない。それは自分がこのギターパートを任されて実際に弾くことを想像すればわかる。どのような単音のフレーズになっているかは、よく聴いて、しっかり聴き取ってほしい。

➡ 解答用の五線は326ページ(解答は328ページ)

この曲であらたに出てきたコード、CM7、Am7、D7の押さえ方は次のとおり。

■CM7

■Am7

■D7

M10　アコースティックギター・パート

　M10の5小節め、6小節めはアルペジオパターンが変わる。
　また5小節めの後半のコードは今まで出てこなかった種類のコードだが、5小節め前半のコードが変化すると捉えれば、音は聴き取りやすいだろう。

➡解答用の五線は330ページ（解答は332ページ）

　この曲であらたに出てきたコード、A/C♯、Am/G♯、D/F♯の押さえ方は次のとおり。

■A/C♯

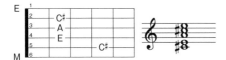

■Am/G♯

※この押さえ方ではA音が押さえられていないが、この曲ではこの弾き方でOKだ。

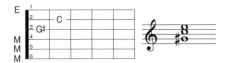

■D/F♯

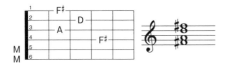

8 M11〜M15のアコースティックギター・パートを耳コピする

　M11〜M15ではアコースティックギターはコードストロークを演奏している。アルペジオより聴き取りにくいが、先にコードを判別してからアルペジオと同じように高い音（1弦）を聴き取って、そこからほかの音を類推する。

M11　アコースティックギター・パート

　たとえば、M11の1小節め前半のコードはCとすぐにわかる。左側から聞こえるストロークを聴くと一番高い音はE音とわかるので、2つあるコードCのうち、(a)のほうであるとわかる（それぞれ押さえ方は199ページ参照）。

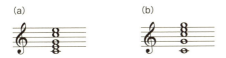

➡解答用の五線は334ページ（解答は336ページ）

　この曲で出てくるコードEの押さえ方は次のとおり。

■E

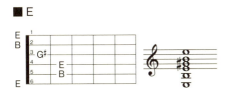

M12　アコースティックギター・パート

　1小節め後半のコードはG/B。200ページの押さえ方をしたままコードストロークをすると、6弦のG音も出てしまうと思うかもしれない。上手な演奏者であれば、右手をコントロールして6弦をあまり弾かないようにしたり、左手の5弦を押さえた指で同時に6弦をミュートしてG音を鳴らさないようにしたりすることが可能だ。

➡解答用の五線は338ページ（解答は340ページ）

M13　アコースティックギター・パート

➡解答用の五線は342ページ（解答は344ページ）

M14　アコースティックギター・パート

➡解答用の五線は346ページ（解答は348ページ）

M15　アコースティックギター・パート

➡解答用の五線は350ページ（解答は352ページ）

 以下はM15を耳コピしてから読もう

　コードストロークのスピードはいつも同じではない。この曲でいえば、2分音符で演奏している1〜4小節めよりも、4分音符で演奏している5小節めのほうがストロークのスピードが速い。耳コピにとってはゆっくりストロークしているほうが聴き取りやすいので、曲のなかのそういう場所を先にコピーすれば、その曲の基本パターン（たとえばコードCを199ページの2つの押さえ方のうちどちらで弾いているかなど）をつかみやすい。

9 M18、M20のアコースティックギター・パートを耳コピする

117ページの表にあるとおり、M16、M17、M19ではアコースティックギターは使われていない。

M18 アコースティックギター・パート

M18はこれまでとは違ったアルペジオで演奏されている。
➡ 解答用の五線は362ページ（解答は364ページ）

M20 アコースティックギター・パート

M20はギターとしては少々変わった演奏パターンを持っている。左側から聞こえるギターの音に耳をフォーカスしよう。いろいろな音が複雑に聞こえるかもしれないが、演奏は案外シンプルだ（毎小節2つの音を交互に演奏している）。
➡ 解答用の五線は370ページ（解答は372ページ）

どちらの曲もまずは解答を見ないで耳コピし、わからなかったら、解答の1小節めだけを見て、2小節め以降は1小節めを参考に耳コピしてほしい。

M21以降の曲にはアコースティックギターのパートはないので、次にエレキギターのパートの説明に入る。

10 M01〜M10のエレキギター・パートを耳コピする

　エレキギターの耳コピもアコースティックギターと同じ要領だが、エレキギターのほうが"セーハ"という人差し指で6本の弦をまとめて押さえる奏法がよく用いられる。アコースティックギターより弦を張っている力が弱いので、セーハをしても音がきちんと鳴ってくれるからだ。

　だからエレキギターではコードGを下図（b）のほうで弾くことが多く、その反対にアコースティックギターでは（a）で押さえることのほうが多い。アコースティックギターは弦を張っている力が強いので、セーハをすると音が鳴り損なってしまうことがあるのだ。ギター初心者がコードFで挫折する人が多いという話を聞いたことがあると思うが、まさしくこのセーハが関係している。

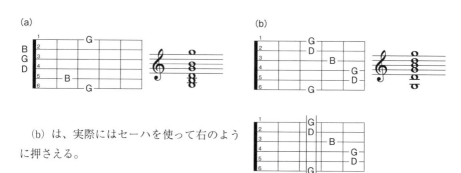

　（b）は、実際にはセーハを使って右のように押さえる。

10　M01〜M10のエレキギター・パートを耳コピする

M01からM10までのエレキギターはほとんどがコードストロークだが、ストローク以外の動きも数カ所入っているので、注意しながら耳コピしよう。

M01からM10であらたに出てきたコードの押さえ方は次のとおり。

■Dm

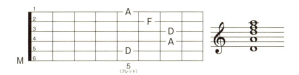

■CM7

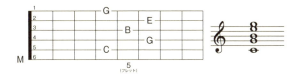

■Dm7

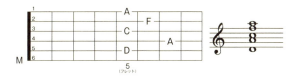

■Em7

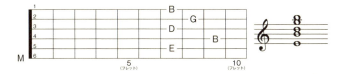

■FM7

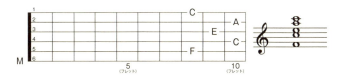

■Am7

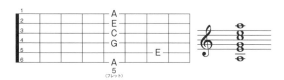

■D7

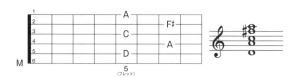

■A/C#

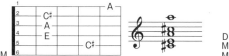

■D

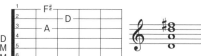

M01　エレキギター・パート

　2小節めと6小節めの後半は、ストローク以外の演奏だ。しっかり聴き取ろう。

➡解答用の五線は294ページ（解答は296ページ）

M02　エレキギター・パート

　1小節めのコードCがM01とは違っている。聴き比べてその違いを覚えよう。

　8小節3拍めでは単音を演奏している。ベースと重なっているのでわかりにくいが、聴き逃さないようにしよう。

➡解答用の五線は298ページ（解答は300ページ）

10　M01～M10のエレキギター・パートを耳コピする

M03　エレキギター・パート

　この曲では、コードCの押さえ方が2とおり使われている。トップ（1弦）の音を聴いて、どちらかを判断しよう。

➡解答用の五線は302ページ（解答は304ページ）

M04　エレキギター・パート

➡解答用の五線は306ページ（解答は308ページ）

M05　エレキギター・パート

➡解答用の五線は310ページ（解答は312ページ）

⚠️　以下はM05を耳コピしてから読もう

　4小節めの後半、ストロークの直後に音が2つ入っている。しかしその間もストロークの響きがずっと聞こえているので、コードを押さえた左手はそのままで、直後の2音を弾いていることがわかる。

解答　4小節め後半

ストロークの響きは続いている

これではストロークの響きがなくなってしまう。

POINT
ギターを耳コピするときは、聞こえた瞬間だけでなく、その音がどれくらい伸びているかにも注意を向けよう。

M06　エレキギター・パート

　4小節めでは、M05と同様、ストロークの直後に数音の音が入っている。
➡ 解答用の五線は314ページ（解答は316ページ）

M07　エレキギター・パート

➡ 解答用の五線は318ページ（解答は320ページ）

M08　エレキギター・パート

　8小節め、ストロークに混ざって音がいくつか聞こえるが、左手は同じコードをずっと押さえたままだ。
➡ 解答用の五線は322ページ（解答は324ページ）

M09　エレキギター・パート

➡ 解答用の五線は326ページ（解答は328ページ）

M10　エレキギター・パート

　5小節めの後半、6小節めの前半、ここはどちらも1弦から3弦までの3本しか弾いていない。
➡ 解答用の五線は330ページ（解答は332ページ）

11 M11〜M15のエレキギター・パートを耳コピする

　これらの曲にはエレキギターが2本入っている。1つは右側から聞こえるクリーントーンのエレキギター（E-Guitar）で、主にミュート奏法で演奏されている。もう1本は中央から聞こえる少しオーバードライブ（歪んだ）の効いたエレキギター（OverDrive-Guitar）で、主にパワーコード奏法で演奏されている。

　ミュート奏法とは、左手で押さえる力を少し緩める、あるいは右手の一部を弦に少し触れるようにして弾くことで、弦の振動を抑える奏法だ。どんな音がするかはE-Guitarのファイルをソロで聴いていただければわかる。楽譜に書くときは次のように音符に「M」をつける。

M11の1小節め

　パワーコード奏法とは、その名のとおりとてもパワフルなサウンドが出る奏法で、コードのルート音と5度上の音をいっしょに演奏する奏法だ。必然的にベースと同じ音をたどることになる。

M11の1小節め

次のように、さらにルート音の1オクターブ上を重ねることもある。

どういう奏法で演奏されているかがわかれば、これらは難しいパートではない。ただ、ほかの楽器のリズムの影響を受けて、実際とは違うリズムで聞こえてしまうことも多い。

次の楽譜はM11、1小節めのベースとギターの楽譜だが、ベースの16分音符の動きに影響されて、ギターも16分音符で演奏しているように聞こえることがある。

M11　エレキギター・パート

➡ 解答用の五線は334ページ（解答は336ページ）

M12　エレキギター・パート

1小節めの後半はオンコードなので5度上にはコードトーンがなく、パワーコードを作れない。その場合は単音にする。この曲では使っていないが、近接した音（4度上、あるいは6度上）で代用することもある。

➡ 解答用の五線は338ページ（解答は340ページ）

11 M11〜M15のエレキギター・パートを耳コピする

M13 エレキギター・パート

OverDrive-Guitarは単音で演奏している。これまでのパワーコードとは違ったサウンドに聞こえるはずだ。

💡ヒント……1小節め

➡解答用の五線は342ページ（解答は344ページ）

M14 エレキギター・パート

OverDrive-Guitarは3音で演奏しているので、よりパワフルな音になっている。また、E-Guitarのほうも、全部がミュート奏法ではないので、聴き逃さないようにしよう。

💡ヒント……1小節め

➡解答用の五線は346ページ（解答は348ページ）

M15 エレキギター・パート

➡解答用の五線は350ページ（解答は352ページ）

バンド耳コピの実際 | 第4章 ギターの耳コピ

12 M16～M20のエレキギター・パートを耳コピする

M16 エレキギター・パート

M16では、コーラスのかかったエレキギター1本のみが使われている。

💡ヒント……1小節め

1小節めだけ、解答を示しておいたが、ギターではこのようなフレーズも、押さえた各音を次のコードに移るまで延ばして演奏することが多い。

実際の音の長さがわかるピアノロール画面で見てみよう。上の楽譜どおりであれば下図（a）のようになるはずだが、実際には図（b）のようになっている。このピアノロール画面を見ながら聴いてみれば、確かに音が延びているのがわかると思う。（音の長さを正確に書くと、読みづらい楽譜になってしまう。）

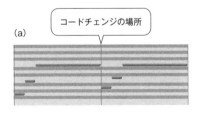

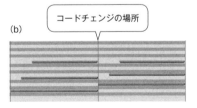

➡ 解答用の五線は354ページ（解答は356ページ）

M17　エレキギター・パート

M17 も M16 と同じ、コーラスのかかったエレキギター 1 本のみが使われている。

💡ヒント……1 小節め

M16 同様、"音の長さ"に注意しながら耳コピしよう。
➡解答用の五線は 358 ページ（解答は 360 ページ）

M18 ～ M20　エレキギター・パート

M18 と M20 には、すでに耳コピずみのアコースティックギターを含めて 3 本、M19 には 2 本のギターが使われている。まだ耳コピしていないエレキギターのパートを耳コピしよう。

いずれもクリーンな感触のサウンドだ。このように似た音色が重なりあってどのパートがどの音を弾いているのかがわかりにくいときは、左右の位置に細心の注意を払うのが耳コピのコツだ。似た音色はミキシング時にほどよく左右に振り分けられていることが多いので、それを利用する。目的とするパートが右にあるとわかったら、徹底的にその方角に耳をフォーカスする。そうすれば音が重なりあっていても、次第に目的のパートが浮き出て聞こえるようになる。

左側から聞こえるアコースティックギターはコピーずみだから、右側から聞こえるE-Guitar の音だけに集中してしっかり耳コピしよう。それが完了したら次にコーラスエフェクトで左右に広げられた Chorus-Guitar のパートを耳コピする。

左右の位置を考えずに耳に飛び込んできた音を拾ってしまうと、ほかのギターの音を聴き取ってしまいかねないので、徹底的に目的の音だけを探すように耳をフォーカスしてほしい。

> **POINT**
> 似た音色は音の分離をよくするために、ほどよく左右に分けられていることが多い。これを利用して耳コピをする。

> **POINT**
> 目的とする楽器の音が左右のどの辺りから聞こえるか、そのフォーカス力(りょく)が大切だ。

■M18
➡解答用の五線は362ページ（解答は364ページ）

■M19
➡解答用の五線は366ページ（解答は368ページ）

■M20
➡解答用の五線は370ページ（解答は372ページ）

13 M21～M25のエレキギター・パートを耳コピする

　M21からM25までは、(ギター・ソロパートを除いて) 2本のエレキギターが使われている。それぞれ右にGuitar-Right、左にGuitar-Leftが配置されている。Guitar-Rightはパワーコード、Guitar-Leftはコードストローク奏法になっている。

　ここで新しく出てきたコードやその押さえ方については、次のとおり。

■C7

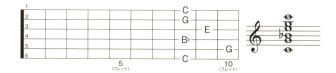

■E♭7

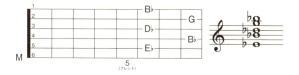

■F7

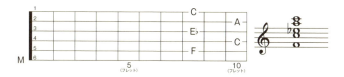

■G7

■B♭7

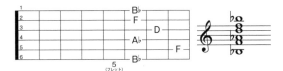

■A♭7

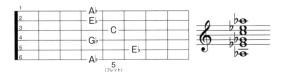

■G7

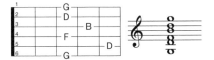

M21　エレキギター・パート

　パワーコードはその名前のとおり曲にパワーをもたらすので、曲のリズム的アクセント（M21の場合は♩ ♪♩）にあわせて演奏されることが多い。

➡解答用の五線は374ページ（解答は376ページ）

M22　エレキギター・パート

➡解答用の五線は378ページ（解答は380ページ）

13 M21〜M25のエレキギター・パートを耳コピする

M23　エレキギター・パート

　この曲ではGuitar-Leftのコードストロークのリズムが8小節目で変わるので、しっかり聴き取ろう。Guitar-Rightの基本リズムは5小節目から少し変わる。
　この曲のコードは、すべて4つの音で構成されたコードだ。

➡解答用の五線は382ページ（解答は384ページ）

 以下はM23を耳コピしてから読もう

　最初のコードはCではない。Cのコードトーン"ドミソ"以外にもう1つ音が加わった4つの音でできたコードだが、それは何の音だろうか。
　サウンドのなかから聞こえたエレキギターの音を頭のなかでキープし、楽器で音を出しながらそのもう1つの音を探していく。215ページで解説した3度上または下の音を探す方法をここでも試してみよう。"あるとすればこの音"と予測を立てて音を探すと見つけやすい。そうすれば、ドでもない、ミでもない、ソでもない音に行き当たるはずだ。
　頭のなかでキープするとき、次の音を聴いてはいけないことはベースのところでも説明したとおり。次の音が聞こえる前に、再生を停止しなければならない。次の音が聞こえてしまったらキープは難しいのだ。また、マウスで停止ボタンをクリックする方法ではすぐに停止はできない。145ページでも書いたようにキーボードのショートカットを使うことは必須だ。

M24　エレキギター・パート

➡解答用の五線は386ページ（解答は388ページ）

M25　エレキギター・パート

　Guitar-Leftのコードストロークのリズムに注意しよう。

➡解答用の五線は390ページ（解答は392ページ）

14 M26〜M30のエレキギター・パートを耳コピする

　M21〜M25のように左右に配置された2本のギターのほかに、M26からは中央からもギターが聞こえ、合計3本のギターが使われている。これらの3本のギターはお互いに絡み合うように演奏されているので、それぞれの音を聴き取るのが難しい課題となっている。音が絡んでいるからといって3本をいっしょに耳コピするのではなく、M18〜M20で説明したように、聞こえる方向から目的の音に絞って1パートずつ耳コピする。1小節めで目的とするパートの演奏パターンがわかってしまえば、続く小節も同じようなパターンで演奏されている（課題曲だからではない。多くの曲でもこのように構成されている）ことが多いので、最初の演奏パターンを間違いなくつかむことが重要だ。

　わかりにくかったら、中央のギターをミュートした［All-ExcSolo］のファイルで左右のギターを耳コピしてから、最後に全部のパートがそろった［All］を再生して中央のギターを耳コピしよう。あるいは、解答の1小節めだけを見て書き写し、そのあとの小節は自分で耳コピするという方法もよい。

　ギターの耳コピの総まとめとしてこれらの曲に取り組んでいただきたい。

M26　エレキギター・パート

　冒頭で聞こえる〔譜例〕は、ギターではなくピアノの音だ。それぞれ単独で聴けば間違うことはないが、たくさんの音のなかでは判別しにくい。

　また、240ページを参照しながら、音の長さにも注意しよう。

➡ 解答用の五線は394ページ（解答は396ページ）

M27　エレキギター・パート

　Guitar-Rightは3つの音、〔譜例 G C D〕を使ったアルペジオを演奏している。

14 M26〜M30のエレキギター・パートを耳コピする

197ページのフレットを見て、この3音をどうやって押さえて弾いているかを考えながら耳コピしよう。

➡解答用の五線は398ページ（解答は400ページ）

 以下はM27を耳コピしてから読もう

次図のように押さえれば、3音とも音を伸ばしたまま弾くことができる。

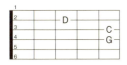

M28　エレキギター・パート

Guitar-Rightはオクターブ奏法だ。
　右譜例の2音を押さえて、ほかの弦は軽く触れるだけ（ミュート）にする。この状態でストロークすれば、しっかり押さえた2音だけが聞こえる。

➡解答用の五線は402ページ（解答は404ページ）

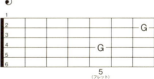

M29　エレキギター・パート

Guitar-Centerは各小節2音だけしか演奏していないが、その2音がどこまで伸びているかを注意して聴こう。

➡解答用の五線は406ページ（解答は408ページ）

M30　エレキギター・パート

この曲もM29同様、Guitar-Centerの音の長さに注意して耳コピしよう。

➡解答用の五線は410ページ（解答は412ページ）

15 ギター・ソロを耳コピする

　M21からM25までのギター・ソロを耳コピしよう。ソロ楽器は、ほかの楽器に比べて音量が大きいので、その点では耳コピしやすいパートだといえる。しかしその反面、その楽器ならではの奏法が多く盛り込まれていたり、細かい音符（早いフレーズ）が多かったりと難しい面もある。

M21　ギター・ソロ

　M21のギター・ソロを耳コピしてみよう。
　音の高さは容易にわかると思うが、ポイントは2つ。1小節3音めのCの音がギター独特の奏法で演奏されているので、それを聴き逃さないこと、それと3小節めと7小節めにそれぞれ1カ所、音の長さに注意を要するところがあるので、それをしっかり捉えるという点だ。
➡解答用の五線は374ページ（解答は376ページ）

 以下はM21を耳コピしてから読もう

　1小節めのC音は「ハンマリング」というギター独特の奏法で演奏されている。そのところを楽譜で見てみるとこのようになる（158ページのベースの例も参照）。

15 ギター・ソロを耳コピする

B音を弾いたあと、

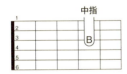

中指は押さえた状態のまま、薬指でC音の場所を叩く（ハンマー）。

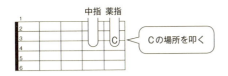

こうすると、右手で弦を弾かなくても音が出る。このように左手の叩く動作によって音を出す奏法をハンマリングという。ハンマリング奏法ではピッキングをしないので、弦を弾（はじ）いたときの"カリッ"というような音が混ざらない。よってなめらかにフレーズをつなげることができる。

※ここで書いた中指、薬指は一例であり、ほかの指でも可能だ。

しかし、ここで難しいのは、ギターにはハンマリング奏法以外にも、これと似た効果をもたらすスライド奏法、チョーキング奏法があるという点だ。

スライド奏法とは、B音を押さえた中指をそのままC音の位置へ滑らす奏法。滑らす途中、フレットを超えたときにCの音が出る。このときもピッキングはしない。

一方チョーキングとは、B音を押さえた中指を使って弦を1弦側か3弦側に引っ張る奏法。弦を引っ張ることで、鳴っている音（B音）のピッチが上がる。この奏法もやはりピッキングを要しない。

ハンマリング、スライド、チョーキングはそれぞれにニュアンスが微妙に違うのでギタリストはそれぞれを使い分けているが、耳コピでそれを判別するには限界がある。ただ限界はあるものの、少なくともいずれかの奏法で演奏されていることには気がつく必要がある。

※ギターが弾ければ、微妙な演奏ニュアンスなどから奏法を見抜ける場合もある。

M22～M25　ギター・ソロ

　M22～M25のギター・ソロを耳コピしよう。これらにはスライド奏法をそれぞれ1カ所以上含んでいる。M21のハンマリング奏法と違い、一瞬の動きなので音の高さをしっかり聴き取ろう。

■M22
➡解答用の五線は378ページ（解答は380ページ）

■M23
➡解答用の五線は382ページ（解答は384ページ）

■M24
　16分音符と、さらに細かい6連符の速いフレーズがある。ベースのところで書いたように、オーディオファイルで1音ずつ聴いて耳コピしよう（145ページ参照）。
　次の波形の□で囲んだ部分が16分音符1つ分に当たる。ここだけを再生すれば音がわかりやすい。1つひとつ音符を順に聴いていけば、速いフレーズも耳コピ可能だ。
➡解答用の五線は386ページ（解答は388ページ）

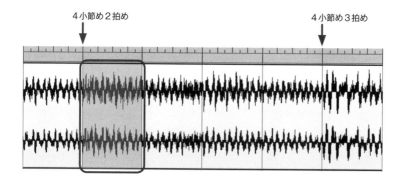

■M25
➡解答用の五線は390ページ（解答は392ページ）

バンド耳コピの実際

第5章
キーボードの耳コピ

バンド耳コピの実際 | 第5章 キーボードの耳コピ

1 キーボードの耳コピのコツ

　キーボードといってもピアノあり、エレピ[注1]あり、パッドあり、さまざまな音色が考えられる。またシンセサイザーという観点からいえば、ストリングスやブラスなど、ほぼすべての音色を含むことになるが、本書ではピアノとエレピに絞って耳コピを説明している。

グランドピアノ

注1　エレクトリックピアノの略。フェンダー社のローズピアノが有名。

1　キーボードの耳コピのコツ

　前章のギターと同じように、キーボードが弾けなくても耳コピができるように解説している。しかし、楽器が弾けるほうがやはり有利だ。DAWで作品を作る方やキーボードは苦手という方は、耳コピの練習と平行してキーボードの練習もしたほうが耳コピに役立つと私は思う。

　メロディパートを除いて、M01からM20までの20曲はエレピの耳コピ、M16からM30まではピアノ（M16からM20まではエレピとピアノ両方）の耳コピが課題となっている。

　アレンジにもよるがエレピは曲のなかでは目立たない存在だ。まずはM01の［All］ファイルを聴いてみよう。聴きながら"この曲で使われている楽器は何か"と考えると、メロディのピアノ、ドラム、ベース、左右のギターしか浮かばないのではないだろうか。しかし実際にはエレピが加わってこのサウンドになっている。

　試しに全部のパートが入っている［All］のファイルではなく、［E-Piano-M01］をミュートして、それ以外の個々のパートのファイルを再生して聴いてみよう。何か寂しいような、広がりがないような、物足りない音に聞こえると思う。目立つサウンドではないが、エレピはこれを補う役割を担い、個々のパートの潤滑油のような役割を果たしている。

　このパートの耳コピのコツは3つ。

　1つめは、ギターと同じように一番高い音（トップノート）を聴き取る。
　2つめは、右手の音はトップノートの下にオクターブ以内でコードの音を構成する。
　3つめは、左手の音は基本的にはベースと同じ。問題は単音か、あるいはオクターブを重ねているか、またどのレンジ（音域、高さ）で弾いているかだ。これは聴き取りは難しく、予測を立てなければならない。

　以上3つだ。M01で1つめのコツから実際に見ていこう。

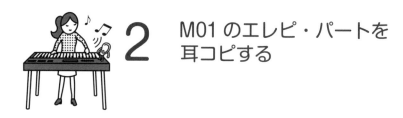

2　M01のエレピ・パートを耳コピする

M01は前項の3つのコツにそって、実際の耳コピの流れを解説していこう。
➡ 解答用の五線は294ページ

1つめは、"ギターと同じように一番高い音（トップノート）を聴き取る"だ。M01の［All］ファイルを再生して、サウンドのなかからエレピのなるべく高い音を探すと1小節めの前半ではE音が聞こえる。

実際にファイルを聴くとわかるが、E音より上のG音も聞こえる。試しに［E-Piano-M01］のファイルをソロで聴いてみると、確かにG音も聞こえる。

この課題は私が作っているのでトップノートはE音で間違いない。ではなぜ、G音も聞こえるのだろうか。それはそれより低い音の倍音が聞こえてしまっているからだ。

この場合、エレピ・パートの一番低いC音の倍音の1つであるG音が聞こえているのだ。

耳コピにおいてこのG音が、実際に弾かれた音なのか、倍音なのかを判別することは不可能だろう。

エレピ・パートをソロで聴いてもトップの音がE音かG音かを判別できないのだから、これは耳コピの限界といっていいかもしれない。このような場合では私はどちらでも正解としていいと思うが、この曲の繰り返し部分（5小節めの最初）はG音がトップノートとして演奏されているので、1小節めのサウンドと比較しながら、M02以降を判別していただきたい。サウンドのなかからほんの少しの違いを聴き分けることこそ耳コピで最も大切にしなければならないので、この判別はいい練習になるに違いない。

2つめのコツ。トップノートがわかったら、そこから1オクターブ以内でコードの音を構成する。

なぜ1オクターブ以内かというと、片手で弾くには1オクターブより広いコードは弾きにくいからだ。多少無理をすれば少しくらい広くても弾けなくはないが、エレピが目立つわけではない場所でそのような無理な演奏はしないのが普通だ。よって、1小節めの前半はちょうど1オクターブになる（a）か1オクターブ以内に収まる（b）のどちらかということになる。

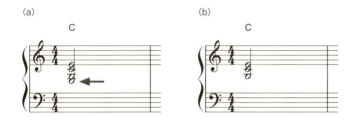

実際に音を聴いてみると、(a) の矢印で示したE音は聞こえないので、(b) と考えられるが、念のため、その上のG音やC音も実際に聞こえているかどうかを確認してから最終的に (b) であると決定する。そうやって対象となる音を絞って聴くと、その音があるかないかは意外と聴き分けられるものだ。

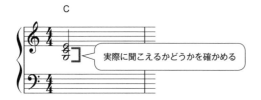

後半のコードG/Bも考えてみよう。

Cのコードのときの右手は3音でできていた。セブンスコードやナインスコードといった複雑なコードでもなければプレイヤーは一度はじめた音数を変更しないことが多い。それは途中で響きが重くなってしまったり、その反対に薄くなってしまったりなどしないようにするための演奏上のコツだ。だからG/Bでも右手は3音で弾いていると考えられ、次の (a) (b) (c) のうちのどれかであると予測できる。

トップノートはP259でG音とわかる。

破線で示した音があるかないかでどれが正解かはわかるが、G/Bのようにコードの第3音がベース音となっている場合には (b) が第1候補として考えられる。コードの第3音がベース音のとき、右手ではその第3音は弾かないほうが響きがよいという定番の法則があるのだ。それを知識として持っているか、感覚的にそう弾いているかはプレイヤーによると思うが、上手なプレイヤーであれば結果的にそのように演奏している。

楽器を使って楽譜 (a) (b) (c) を弾き比べてほしい。微妙な違いだが (a) と (b) を比べると、(a) のほうは少し重たく聞こえる。(c) は論外という感じだ。"あの人の演

奏いいね"というとき、小さなことではあるが、こういう微妙な違いが全体の印象を決めていることが多い。サウンドに厳しい名プレイヤーであれば、こういった細かいところにもこだわりがあるということだ。一流のプレイヤー、アレンジャーの実際の作品を耳コピすると、実際そのようになっていることがほとんどだが、サウンドのよくない曲を耳コピすると、こういう細かいところは無頓着に作られていることが多い。

本当に（b）が正解かどうかは、実際に音を聴いて確認してから最終的に決定する。

> **POINT**
> コードの第3音がベースのときは右手では第3音を弾かないことが多い。

3つめのコツ。左手の音は基本的にはベース音と同じだ。だからコードCであればC音を、G/BであればB音を弾く。しかし次の（a）（b）（b）の聴き分けは不可能だ。どれもベースと同じく"C－B"と演奏しているが、エレピをソロで聴かない限り、聴き分けは無理だろう。

エレピ以外にベースが聞こえるので、それにかき消されてしまい、エレピの左手のパートを聴き分けることはできない。ベースに重ねたこのような音は、ベースの音を曇らせてしまう原因にもなるので、ミキシングにおいてイコライザーでカットしてしまうことも多いし、曇らせてしまわないように、もともと入っていないこともある。自分で音を出しながらどれが一番曲調にフィットするかで決めればいい。本書のM01からM15までの課題曲の左手はすべて（a）のスタイルで演奏されている。

> エレピ・パートでは、左手にベースを担当させずに、右手とあわせてコード音を演奏する場合もある。その場合、ボトム（一番低い音）はベース音にこだわらない。またトップ（一番高い音）とボトムの間隔が1オクターブ以上に広がることも多い。
>
>
>
> これを耳コピする場合には、トップとボトムの音を聴き取って、その間を埋めていくようにする。ただし本書の課題曲ではこの手法は使っていない。

2小節め以降も、まずはトップノートから耳コピしよう。

トップノートを耳コピするには前の音をしっかり聴くこと。というのも、上手なアレンジであれば、前後で大きく音域が変わらないように演奏されているので、前の音を聴いて**その音の変化**というように聴いていけば、トップノートは探しやすい。

> 「急に飛ぶことはない」のではない。急に飛ぶときはそれを**フレーズとして聴かせたいとき**だ。
>
> たとえば右譜例のようにこの部分をしっかり聴かせたいときには、急な音域の変化もある。そういった特別な意図がないときには急な音域の変化はない、ということだ。意図的に飛んだときはその音がしっかり聞こえるはずなので、耳コピは簡単だ。耳コピが難しいのは、そういう特徴がない地味な音の耳コピだ。
>
>

2 M01のエレピ・パートを耳コピする

　M01、1小節めの後半のトップノートを耳コピするときはその前のE音をしっかり聴いて、その音が次の和音のなかにもあるかどうか、もしなければ上へ行ったのではないかとすばやくサーチする。

　ここでは後半の和音のなかにE音は聞こえないので、上に行ったのではないかと上のほうで音を探す。この場合はG音が聞こえる。もし上のほうに聞こえなかったら下を探せばよい。

　このように、上の音を先に探すのがコツ。下を先に探してしまうと、トップノートではない音を間違って聴いてしまう可能性がある。この例はまさにそれに該当する。E音より下の音を先に探してしまうと、トップノートではないD音が聞こえてしまう。

　また、前の音と同じ音があったからといって必ずしもそれがトップノートとは限らない。同じノートが見つかったときには、さらに上に音がないかを探す癖も身につけておかなければならない。

　M01のトップノートは次が正解だ。すでにわかっているコードネームもいっしょに書いておいた。

解答　M01　エレピ（トップノート）

コードネームをもとに右手パートを"1オクターブ以内＆3音で構成"をヒントに、音を予測しながら課題曲を再生して耳コピしよう。次が解答だ。

　あとは左手を入れていけばいい。
　ベース・パートでは音域の制限から、4小節1拍めで1オクターブ上に移動したが、エレピはベースより音域が広い。移動するかどうかは、実際に音を出して決めればよい。

➡解答は296ページ

3 M02〜M20のエレピ・パートを耳コピする

M02 エレピ・パート

M01と同じように演奏しているので、復習も兼ねて耳コピしよう。
➡ 解答用の五線は298ページ（解答は300ページ）

M03 エレピ・パート

➡ 解答用の五線は302ページ（解答は304ページ）

M04 エレピ・パート

2、4、6小節めには2分音符以外の音符も使われている。
　また、一番最後のコードはC（C、E、G）が演奏される直前に別の音（装飾音符）が短く演奏されている。その音が何であるか、しっかり聴き取ろう。装飾音符の書き方は解答を見てみよう。
➡ 解答用の五線は306ページ（解答は308ページ）

M05 エレピ・パート

➡ 解答用の五線は310ページ（解答は312ページ）

M06　エレピ・パート

7小節めのコードはDm7。セブンスコードは4つの音でできている。
→解答用の五線は314ページ（解答は316ページ）

 以下はM06を耳コピしてから読もう

M01の説明にも書いたように、一度はじめた音数は途中ではあまり変えない。この曲の右手は3音ではじまっているが、Dm7のように4音でできているコードはどうすればいいか。

結論からいうと、4音に増やしてもいいし、1つを省いて3音でもいいということになる。ただし、省く場合は第3音と第7音（セブンス）以外の音、つまりルート音か第5音（Dm7の場合はD音かA音）が省かれることが多い。もちろん実際に演奏されている音を聴き取らなければならないが、どの音が省かれることが多いかを知っておいたほうが、予測がついて耳コピしやすい。

M07　エレピ・パート

→解答用の五線は318ページ（解答は320ページ）

M08　エレピ・パート

→解答用の五線は322ページ（解答は324ページ）

M09　エレピ・パート

4小節めの右手はすべて3音で演奏している。3拍めのコードはFM7（F、A、C、E音）、4拍めのコードはDm7/G（D、F、A、C音、ベースはG音）。4音のうちのどの3音を使っているだろうか。また、7小節めのコードD7（D、F♯、A、C音）でも同じく右手は3音で弾いている
→解答用の五線は326ページ（解答は328ページ）

M10　エレピ・パート

　Dm7（D、F、A、C音）の右手は3音だけを選んで演奏している。
➡ 解答用の五線は330ページ（解答は332ページ）

M11　エレピ・パート

　左手のオクターブの違いは、実際に音を出してもとの曲に近く聞こえるほうを選べばよい。
➡ 解答用の五線は334ページ（解答は336ページ）

M12　エレピ・パート

　5小節めには、16分音符の動きがある。
➡ 解答用の五線は338ページ（解答は340ページ）

M13　エレピ・パート

　これまでと大きな変化はない。サウンドのなかからエレピの音を探し出す練習として耳コピしよう。
➡ 解答用の五線は342ページ（解答は344ページ）

M14　エレピ・パート

➡ 解答用の五線は346ページ（解答は348ページ）

M15　エレピ・パート

➡ 解答用の五線は350ページ（解答は352ページ）

M16　エレピ・パート

　最初のコードはCM9。ナインスコードは5つの音でできている。しかしエレピ・パートの右手は、ここでも3音で演奏している。どの3音を演奏しているのか、しっかり耳コピしよう。アコースティック・ピアノも和音を弾いているので、混同しないようにしよう。

➡解答用の五線は354ページ（解答は356ページ）

 以下はM16を耳コピしてから読もう

　ナインスコードは5つの音でできている。第3音、第7音、第9音を残すのが基本ではあるが、実際はさまざまな方法がある。たとえば第7音をほかのパートが演奏していれば必ずしも第7音を入れる必要はない。全体のサウンドとして聴けば、それでも十分にナインスコードのサウンドになるからだ。

　また解答を見るとわかるように、コードチェンジする際は隣接した音へとつながっていて、それぞれの音の動きがとてもシンプルだ。たとえば、次の楽譜のように複雑な動きはしていない。

M17　エレピ・パート

➡解答用の五線は358ページ（解答は360ページ）

 以下はM17を耳コピしてから読もう

2小節め、コードがBsus4からBに変わるとき、2つのコードに共通する音は弾きなおされていない。アップテンポの曲では弾きなおすことが多く、M17のようなミディアム〜スローテンポの曲では弾きなおさないことが多い。

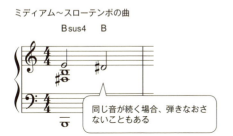

曲調に合わせてプレイヤーが任意に選んでいるので、こういったところもしっかり耳コピしよう。

M18　エレピ・パート

9小節めの左手のC音は、　　　か　　　かを聴き分けよう。
➡ 解答用の五線は362ページ（解答は364ページ）

M19　エレピ・パート

8小節めに、32分音符を使った細かい動きのフレーズが入っている。
➡ 解答用の五線は366ページ（解答は368ページ）

M20　エレピ・パート

この曲のエレピは右手しか弾いていないので、ヘ音記号が記された左手パートの五線はすべて休符でOKだ。
➡ 解答用の五線は370ページ（解答は372ページ）

4 M01～M15のピアノ・パートを耳コピする

　これら15曲のピアノ・パートはメロディを担当している。メロディラインはしっかり聞こえるので、第1章の聴音課題030くらいまでをクリアしていれば、どれも簡単に耳コピできるだろう。

　本書では歌メロの耳コピはあらためて取り上げていないが、歌メロを耳コピするときは、必ずしも正確なリズムや音程で歌っているとは限らないので注意が必要だ。

　また、歌メロ・パートは強弱の幅も広く、小さくしか発音していない音は聴き逃してしまいやすいので、そこにも注意を要する。

　しかしこれまでの課題で細かい音への注意力が身についていれば、歌メロも簡単に耳コピできるだろう。

■M01～M15
➡ 解答用の五線は294ページから（解答は296ページから）

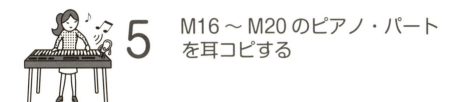

5 M16〜M20のピアノ・パートを耳コピする

M16　ピアノ・パート

　バラード調のM16では、ピアノ・パートがメロディ以外に和音も演奏している。"これぞピアノ！"というような演奏スタイルだ。

　これがM16、ピアノ・パートの冒頭2小節の楽譜だ。この楽譜を見ながらピアノ・パートを耳コピする際の注意点を解説しよう。

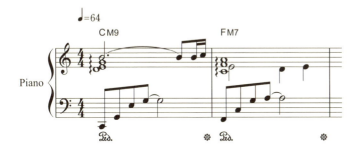

　楽譜に書かれているすべての音を音楽的な役割で分けると次のようになる。演奏する人もこのような役割を意識しながら弾いているので、ピアノの耳コピでは、こういった役割を考えながら耳コピするほうが混乱しない。

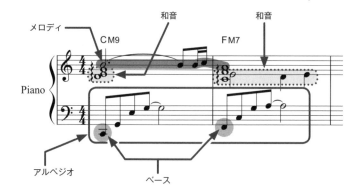

　先に聞こえやすいメロディかアルペジオ（含むベース）から耳コピをはじめるといい。ここではメロディから耳コピしよう。メロディはしっかり聞こえているので、簡単に耳コピできるだろう。
　この曲のように和音といっしょに演奏されるメロディは、和音のトップの音が同時にメロディでもあるということをしっかり把握しておこう。これはいい方を変えれば、和音はメロディの下にくる、ということになる。

> **POINT**
> 和音のトップの音が、メロディを兼ねていることがある。

　メロディの次にアルペジオを耳コピしよう。アルペジオはこの曲のように弱く弾かれることが多いが、よく注意して聴けば聞こえない音ではないので、何度も再生して聴き取ろう。また、アルペジオの最初の音（各小節の最初の音）は聞こえないことが多いと思う。これはベースが同じ音を弾いているからで、あまり聞こえないのが普通だ。だから、アルペジオの最初の音はベースと同じ音と考えて、響きをよく聴いてオクターブを間違えないようにすればいい。たとえば２小節めのＦ音を１オクターブ下の音にしてしまうと、かなり違ったサウンドとなってしまう。
　あとは右手で弾く和音のパートを耳コピすればいい。これについてはエレピ・パートのところでも説明したように、トップの音（つまりメロディの音）から１オクターブ以内が基本であることと、和音の数はあまり変えないということに注意して耳コピしよう。繰り返し聴いていくうちに耳が慣れ、次第に和音の音が聞こえてくるはずだ。

5　M16〜M20のピアノ・パートを耳コピする

　ピアノ・パートの耳コピで、もう1つ気をつけたいのは「ペダル」の使用についてだ。

　ピアノの下についているペダル（3つ〔または2つ〕あるペダルの一番右側、「ダンパー・ペダル」という）を踏んでいる間（楽譜では 𝓡𝓸. から ❋ までの間）は、鍵盤から指を離しても音が伸びる。だから、厳密にいえばM16　1小節め、左手の最初のC音は8分音符で書かれているが、およそ全音符分の長さを持つ。さらにその直後のG音は付点4分音符＋2分音符分の長さを持つ。ただ、聞こえてくる長さを忠実に楽譜にするととても見にくい楽譜になってしまうので、ペダル記号でそれを表現することにしている。

　ペダルを使うと広がりのあるサウンドになるので、M16のようなバラード調の曲ではペダルを使わない演奏は考えられない。耳コピの際も、ペダルのオンとオフを示す「𝓡𝓸.」や「❋」の記号もしっかり書く（もしくはMIDI入力する）必要がある。手書きの場合は「P」や「＊」でかまわない。

POINT
ピアノの耳コピでは、ペダルが重要となる。

➡ 解答用の五線は354ページ（解答は356ページ）

M17　ピアノ・パート

　M16と同じような演奏をしている。つまり、右手の和音のトップの音がメロディを兼ねている。左手はアルペジオだ。7小節めのメロディは、音が重なって（♫）いる。
➡ 解答用の五線は358ページ（解答は360ページ）

M18　ピアノ・パート

　この曲のピアノ・パートは、メロディパートしか弾いていない。音が高すぎて加線

が多くなる場合は、記号を使って1オクターブ下に書けばよい。
➡ 解答用の五線は362ページ（解答は364ページ）

M19　ピアノ・パート

　この曲のピアノ・パートは、伴奏しか弾いていない。どんな伴奏型をしているかがわからなかったら、解答の1小節めを見よう。あとはそれに続くように耳コピしよう。
➡ 解答用の五線は366ページ（解答は368ページ）

⚠ 以下はM19を耳コピしてから読もう

　曲を聴いてすぐにわかるのは、1小節2拍めで音がぶつかっていることだ（わざとぶつけて緊張したサウンドを出している）。

　このようなぶつかりが聞こえたときは半音でぶつかっている可能性が高い。また、このようにぶつかっているそれぞれの音を聴き分けることは、意外と難しい（片方の音は聞こえる）。聞こえないときは、ピアノの音で何とおりかのぶつかる音を弾いて、同じサウンドになる音を探せばよい。

M20　ピアノ・パート

　16分音符が連続している。両手をどのように使えば弾きやすいかも考えたうえで、楽譜を書こう（解答の書き方だけが正解ではない）。
➡ 解答用の五線は370ページ（解答は372ページ）

6 M21〜M25のピアノ・パートを耳コピする

M21 ピアノ・パート

　M21からのピアノ・パートはこれまでと違い、ほかの音がたくさん重なっているので聴き取りにくい。特に左手で弾く音域は、ギターに隠されてしまいがちだ。こういう場合は聞こえたいくつかの音を頼りに音楽的観点から、"多分こう弾いているだろう"と聞こえない音を予測し補う必要がある。

➡解答用の五線は374ページ

　たとえばM21の最初の2小節を見てみよう。次の音が聞こえたとする。

　この楽譜を実際に鍵盤で弾いてみるとわかるが、とても演奏しにくい。パンチのある楽しく元気な曲のはずだが、この演奏からはその感じがまったくしない。
　一般的なピアノ演奏から考えると、M16の曲でもそうであったように、右手で和音を押さえ、左手はベース音を最初に弾くのが定番だ。さらにバラード調ではないこの曲のような場合には左手はもっと絞ることが可能で、次のいずれかのパターンで演奏されていることが多い。

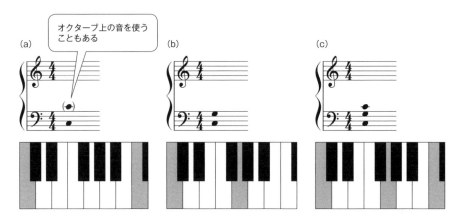

　これを踏まえると、左手の1小節めは、上図（c）のベース音＋5度音＋ベース音の形の5度音だけが聞こえたと予測できる。しかもそれが1拍めの裏なので、1拍めの表にはルート音を弾いているのだろう、ということも予測可能だ。その予測を楽譜にすると次のようになる。

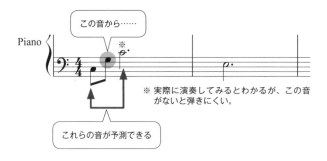

　2小節めも同じ形で演奏していると考えられるから、次のようになる。

右手の 2 小節めを検証してみよう。最初に聞こえた音では（271 ページ楽譜参照）1 拍めだけが和音になっていたが、これは案外弾きにくい。これも弾いてみるとわかるが、次のほうが断然弾きやすい。

問題は右手の和音がこのまま 2 音でできているのか、もう 1 音（Em のコードから考えれば G 音）足した 3 音でできているかだ。この場所を何回か聴いてどこか 1 カ所にでも G 音が入っていたら次のように全部入っていると考えていいだろう。

たとえば 2 拍めの裏でしか G 音が聞こえないからといって、次のように判断してはいけない。これはとても演奏しにくく不自然だ。

G 音が聞こえなかったときは、入っているのかいないのかはわからない（聞こえないから入っていないとは限らない）ので、最終的には自分の判断で決めればいい。ちなみにこの曲の正解は、G 音のない 2 音だ。

1 小節めも同じように演奏していると考えられるので、次ページのように予測ができる。この楽譜を見ながら実際の曲を聴いてみると、最初は聞こえなかった音もいくつか聞こえるのではないだろうか。

※ ●は最初に聞こえた音　　●はそれをもとに予測して導き出した音

　しかし、1小節めはこれで完成ではない。それは次の3小節めを耳コピすると見えてくる。
　3小節めはFというコードと、聞こえた音、それに1、2小節めの形、それらを総合的に考えると次のようになる。

　しかしよく聴くと1小節め、2小節めにはなかった1拍めの裏に音が聞こえる。F音だ。楽譜にすると次のようになる。

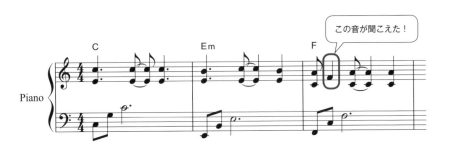

　そうなると考えられるのはその前の1小節め、2小節めにも同じような音が入っているのではないかということだ。入っているとすれば次のようになる。

6　M21～M25のピアノ・パートを耳コピする

　さあ、矢印の音が聞こえるかどうか聴いてみよう。解答を知っている私も1小節めは"わからない"、2小節めは"入っていない"という結果となった。
　こういうときはそのあとの繰り返し場所を聴く。5小節め、6小節めが繰り返しの場所なのでそこを聴くと……なんと、5小節めにG音が聞こえた！　一方、6小節めはやはり聞こえない。
　そこで全体を見渡すと奇数小節では1拍めの裏に音が入っていて、偶数小節には入っていないのではないかと予測が立つ。このように、聞こえる音だけを耳コピしたのでは、なかなか正解に辿り着けないのが耳コピの難しいところだが、パズルのピースを見つけるようで面白いところでもある。

➡ 解答は380ページ

ピアノに限らず、ある一定のリズムが2小節で1つのまとまりとなって、それが何回か繰り返されるというのは、しばしば見られる演奏パターンだ。
　たとえば次のドラムの楽譜を見てほしい。1～2小節めのキックのパターンが、3～4小節めでも繰り返されている。

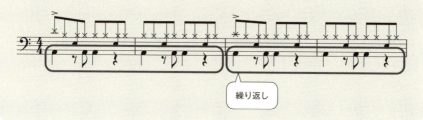

POINT

2小節で1つのまとまりを作っていることが多い。

M22〜M25　ピアノ・パート

　ではM22〜M25のピアノ・パートを耳コピしよう。エレピと同じように和音のトップの音をしっかり聴き取るようにしよう。左手はあまり聞こえないので、予測しなければならないことが多いと思う。

■M22

　毎小節、1拍めと2拍めの裏にアクセントがあるので、そこで和音を弾いていると予測できる。左手は、M21と同じようなパターンであれば、1拍めの裏でコードの第5音を演奏しているはずだ。

➡解答用の五線は378ページ（解答は380ページ）

■M23

　1拍め、2拍め、2拍めの裏に音が聞こえる（2小節めのほうが聴き取りやすい）。あとはコードネームから音を推測して、実際に音を確かめながら耳コピする。

➡解答用の五線は382ページ（解答は384ページ）

■M24

　右手の和音のリズムは聴き取ることができるだろう。それに対して左手の聴き取りは難しい。聞こえやすい右手を先に耳コピしてから、"右手をこう弾いているなら、左手はこのほうが弾きやすいだろう"というように、右手から各自で判断すればよい。

➡解答用の五線は386ページ（解答は388ページ）

> **POINT**
> ピアノ・パートは、聴き取りやすいほう（右手、または左手）を先に耳コピしたあと、それをもとに弾きやすさなども考えながらもう片方の耳コピを進める。

■M25

　右手は耳コピ可能だ。左手はベースに隠れて聞こえないが、それはベースと同じ音を弾いているということにもなる。

➡解答用の五線は390ページ（解答は392ページ）

> **POINT**
> キーボードの左手が聞こえない場合は、ベースと同じ音を弾いていることが多い。

7 M26〜M28のピアノ・パートを耳コピする

　この3曲のピアノは比較的高い音域を片手で、しかも単音で弾いている。バンド・アレンジではこのような手法がときどき見られるので、ここでも取り上げることにした。本書の曲に限らずあまり難しいフレーズを弾くことはないが、ほかの音が混入して聴き取りにくいことも多い。"シンプルに考えること" が重要となる。

■M26
　シンプルなメロディだが、ほかの音に消されて全部の音は聞こえないかもしれない。メロディのリズムパターンや、その場所のコードネームから推測しながら耳コピしよう。
➡解答用の五線は394ページ（解答は396ページ）

■M27
　8分音符が連続したフレーズだ。ギター・パートをしっかり耳コピしていれば、それに惑わされることなく音を聴き取ることができるだろう。
➡解答用の五線は398ページ（解答は400ページ）

■M28
　前半4小節はギターの音が邪魔をしてかなり聴き取りにくい。しかし、後半4小節はピアノが1オクターブ高くなるので聴き取りやすくなる。聴き取りやすい後半から前半を類推することができる。
➡解答用の五線は402ページ（解答は404ページ）

> **POINT**
> 聴き取りにくい場所は、繰り返しなどで聴き取りやすい場所を見つければ、そこから類推可能だ。

8 M29、M30 のピアノ・パートを耳コピする

　この2曲はピアノ・パートの耳コピの総仕上げとして取り組んでほしい。どちらもピアノがメインの曲なので、メロディの部分は聴き取りやすい。左手の伴奏部分は聞こえる音と聞こえない音があると思う。全体を見渡しながら聞こえない音も補って、耳コピを完成してほしい。

M29

　本書ではこれまでピアノの左手の最低音とベースは同じ音にアレンジしてきたが、この曲では一部違う音になっている。ほかの音に埋もれることなく聞こえているので、全部の音をしっかり耳コピしよう。

➡ 解答用の五線は406ページ（解答は408ページ）

M30

　右手のメロディは、単音ではなくハモっているので注意しよう。
　ハモっている場所は、先にメロディの音を聴き取り、そのあとでもう1つの音を聴き取る。メロディとハモリが平行移動していても、ときには平行ではないこともあるので注意しよう。
　たとえば3度のハモリのなかに、1カ所だけ4度が混ざる、ということもある。

➡ 解答用の五線は410ページ（解答は412ページ）

最後に……

耳コピ
3つのお助け術

第5章 耳コピ3つのお助け術

レコードやカセットテープを使って耳コピしていた昔と違って、今はDAWを使えば聴きたい場所を的確に、操作次第では1音だけを聴くこともできるので耳コピのしやすさが格段に上がった。

本書の最後に、DAWならではの機能を駆使して、オーディオファイルそのものを耳コピしやすいファイルに書き換える技を3つ紹介しよう。

お助け術その 1 ボーカルをキャンセルする

多くの場合、耳コピの邪魔をしているのは大きく聞こえるボーカルだ。耳コピに邪魔にならないくらいにまでボーカルだけ音量を下げることができれば、ギターの細かな動きなど、それまでボーカルに隠れて聞こえにくかった音が聞こえるようになる。

操作手順
【手順1】 片側の位相注1を反転する。

オリジナルファイルのトラックに位相を反転できるエフェクターを立ち上げる。次図はDigitalPerformerの［Trim］を立ち上げたところだ。右側、もしくは左側の位相反転スイッチをONにする。

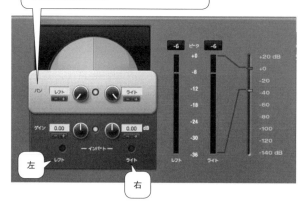

「パン」でモノラルにすることもできる。その場合は、次の【手順2】でおこなうファイルの書き出しは必要ない

注1 【位相】音の波形の位置を表す言葉。282～283ページの波形を見てみよう。波形Aの左と右は「位相が合っている」、波形A③の左と右は「位相が逆になっている」という。

【手順2】　ステレオファイルをモノラルファイルに書き出す

　モノラルファイルに書き出す方法はそれぞれのDAWによって異なるが、"バウンス"や"書き出し"などの設定画面で"モノラル"を選択するというのが多くのソフトでの方法だろう。DigitalPerformerでは次の画面で設定する。

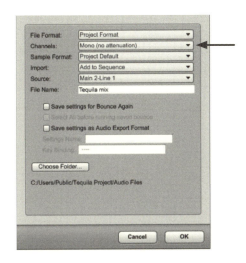

　詳しくは次ページの説明を読んでいただきたいが、音量が下がるのは中央から聞こえる音だ。だから、"ボーカルをキャンセルする"といってもボーカルがすべて消えるわけではなく、うっすら残る。また、キックやベースなど、ボーカル以外でも中央から聞こえていた音はこの方法で消えることになる。

なぜ、ボーカルの音量だけを下げることができるのか？

なぜ、ボーカルの音量だけを下げることができるのか？ 波形を使って説明しよう。

波形A

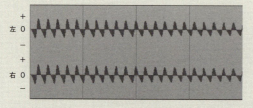

上の波形Aは、ある音の一部分を拡大した波形だ。上が左側から聞こえる音、下が右側から聞こえる音の波形を示している。どちらもほとんど同じ波形なので、これを聴くと音は真んなかから聞こえる。

一方、次の波形Bは上（左側）のほうが大きく振れているので、音は左側に寄って聞こえる。

波形B

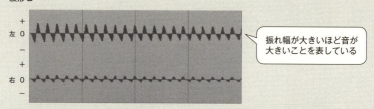

振れ幅が大きいほど音が大きいことを表している

ここで、左右の波形を足し算してみよう。左右の波形を足す（ステレオからモノラルへバウンスする）と波形AはA②に、波形BはB②となる。スケールが違うので比べにくいが、どちらももとの波形より振れ幅が大きくなっているのがわかる。

2つの波形を足したので1つにまとまっている

波形A②

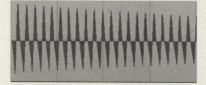

波形B②

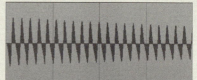

次にもとの波形に戻って、A、Bそれぞれ、下(右側)の波形の動きの+と-を反対にして(「位相を反転させる」という)から左右の波形を足してみよう。

波形AとB、それぞれ右側の動きを反転すると次のようになる。

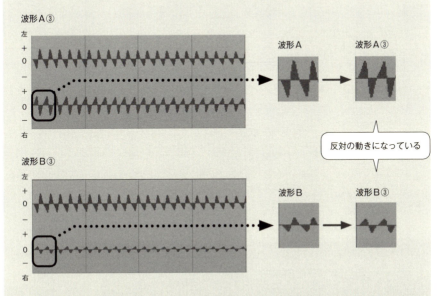

反転したあと、左右波形を足し算すると、Aのほうは波形がなくなり音が出なくなり(波形A④)、Bのほうは少し音量が下がるがしっかり聞こえている(波形B④)。

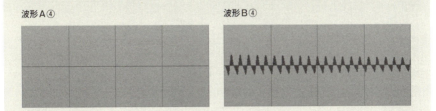

つまり、中央から聞こえる音は、片側の波形を反転させてから足し算すると音を消せるのだ。実際の曲では真んなかから聞こえているボーカルも、エフェクターなどによって左右の波形に違いが生じていることが多いので、足し算をしてもすっかり聞こえなくなるわけではないが、耳コピに邪魔にならない程度まで音量を減らすことは期待できる。

第5章 耳コピ3つのお助け術

お助け術その 2 　低音を聴きやすくする

次に紹介するのはイコライザーとオーディオトランスポーズ機能を使って、キックまたはベースを聴き取りやすくする技だ。**お助け術その1**の方法では、ボーカルといっしょにキックやベースも聞こえにくくなるので、キックやベースが聴き取りにくい場合はこの方法が使える。

|操作手順|

【手順1】　イコライザーを立ち上げ、低音成分だけを残す

イコライザーはお使いのDAWに装備されているものでOK。次図はMacに標準で装備されているイコライザー画面だ。図を参照し、同じように設定しよう。

この状態でオーディオファイルを書き出して、書き出したオーディオファイルをあらためてDAWに読み込んで次の【手順2】の準備をしておく。

※DAWによってはファイルを書き出さなくても次の手順2へ進むことも可能だ。

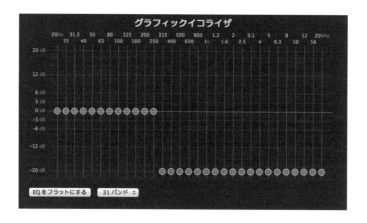

【手順2】　ピッチを1オクターブ上げる

【手順1】で書き出したオーディオファイルのピッチを1オクターブ上げる。DAWではピッチを変えることを"トランスポーズ"ということが多いので、その言葉を頼りに機能を探すとよい。次図はDigitalPerformerでのトランスポーズ設定画面だ。

お助け術その2　低音を聴きやすくする

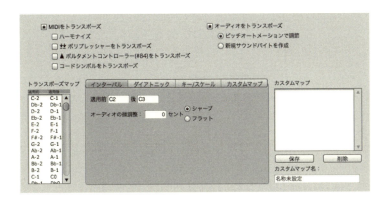

　一般的に半音くらいの幅でピッチを変更するくらいであれば問題はないが、1オクターブもピッチを上げてしまうと、音質そのものがかなりダメージを受けてしまう。しかし、【手順1】で低音だけを残したようなファイルであれば、1オクターブであっても、耳コピには問題のない程度の状態でピッチを上げることが可能だ。

　また、ベース音がもともと小さくしかミックスされていない曲では、この技を使ってもまだ聴き取りにくいかもしれない。そういうときは、オリジナル音源ファイルとこの【手順2】で作成したファイル、両方をDAW上に並べていっしょに再生すると聞こえやすくなることがあるので、この方法もぜひ試してみていただきたい。

第5章 耳コピ3つのお助け術

お助け術その3　速いフレーズをゆっくり耳コピする

　速いフレーズは本書145ページの方法を使えば耳コピできるが、再生スピードを遅くするのも有効な方法だと思う。再生スピードを遅くする方法はお使いのDAWの機能から探してほしい。機能を探す場合、「Time」がキーワードとなるだろう。次図はLogicProでの設定画面。どのくらい遅くしたいかを設定してからファイルを書き出せばよい。

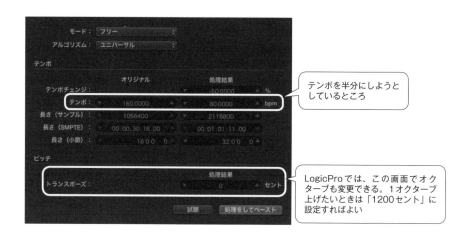

テンポを半分にしようとしているところ

LogicProでは、この画面でオクターブも変更できる。1オクターブ上げたいときは「1200セント」に設定すればよい

おまけのおまけ……　「Transcribe!」

　DAWの機能を使った3つのお助け術を紹介してきたが、このような要求に簡単に答えてくれる「Transcribe!」（有料、執筆時で39ドル）という便利なソフトがあるので、最後にそれを紹介しよう。

　お助け術その1で説明した「位相を反転させる」という操作も、Transcribe!ではcap204の［Karaoke］をクリックするだけで簡単に操作できる。

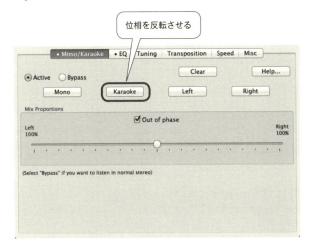

　お助け術その2の「低音成分だけを残す」は、プリセットのなかから［Bass select］を選ぶだけでよい。

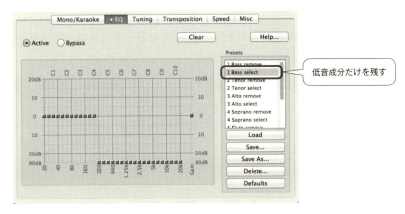

第5章　耳コピ3つのお助け術

　「ピッチを1オクターブ上げる」のも、次図、矢印で示したところへつまみをスライドさせるだけだ。

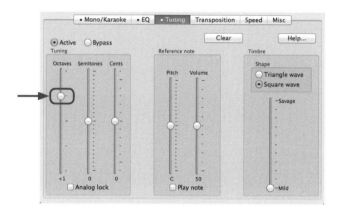

　お助け術その3「再生スピードを変える」には、テンポを変えたい場所を選択してパーセントを指定するだけでOKだ。

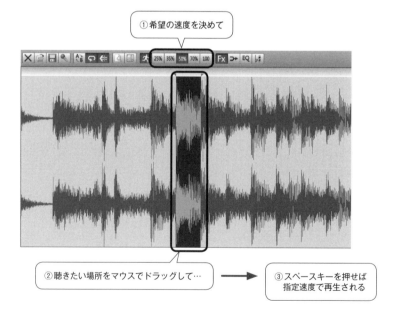

おまけのおまけ……「Transcribe!」

しかも、これらの操作はファイルを書き出さなくても、リアルタイムでその結果を聴くことができる。また［BYPASS］をクリックさえすれば、簡単にもとに戻すこともできるので便利だ。

Transcribe!を耳コピ用のDAWとは別に立ち上げておいて、必要なときにだけそちらへ切り替えて使うという方法がいいだろう。

Transcribe!にはこのほかにも、コードを判別してくれる機能や、オーディオファイルの指定した区間にどのような高さの音が入っているかを鍵盤上に印で教えてくれる機能など、耳コピに役立ちそうな機能が備わっている。

ここで紹介した耳コピお助け術は文字どおり"お助け"であって、万能ではない。ベースを聞こえやすくする技など、曲によってはかなりはっきりと聞こえるようになるが、それでもなお"参考程度"と捉えたほうがよいと思う。

それというのも私自身、このソフトの使用感を探っていたとき、ベースが間違った高さに聞こえたことがあったのだ。何かほかの楽器の音が聞こえてしまったのだろう。

"道に迷ったとき、他人の意見を聞いてから・最・終・的・に・は・自・分・の・考・え・で・道・を・選・ぶ"

そういうスタンスで、これらのお助け術を使ったほうがいい。

あとがき

　耳コピ関連の本は、本書で2冊めになる。

　1冊めの『耳コピ力アップ術』（スタイルノート）では、本書第1章でも取り上げている聴音の練習をしたのち、理論的な側面から次の音を予測するという方法に多くのページを割いている。

　一方、本書では多くの楽器が重なっているなかから、いかに目的の音を聴き分けるかに重点を置いた、いわばより実践的な内容となっている。完コピを目指すなら、理論的な知識を持ちながらも多くの経験を重ねることが重要となるので、本書はその役目を十分に果たしていると自負している。

　また、本書のためにバンドスタイルの耳コピ用楽曲を30曲書き下ろし、それぞれについて説明を加えている。このような類書はほかにないと思うので、本書の課題を十分に活かして、ご自身の耳コピ力をアップしてもらいたい。

　最後になってしまったが、文章を書くことが専門ではない私の原稿を、いつも読みやすくしてくださる株式会社スタイルノートの冨山さんに感謝を述べたい。

M01〜M30の解答用五線と
その解答

M01 解答用五線

M01〜M30の解答用五線とその解答

注1 オクターブ下のF音であることも考えられるが、次のE音を考えると、この高さのほうが弾きやすいと予測可能。
注2 ここで弾いているのはルート音のみだが、手前で発音された3、2、1弦のG、C、E音が、ここまで伸びてかすかに聞こえる。

M01〜M30の解答用五線とその解答

M02

➡ 解答は300ページ

M02 解答用五線

M01～M30の解答用五線とその解答

M01〜M30の解答用五線とその解答

M03

➡解答は304ページ

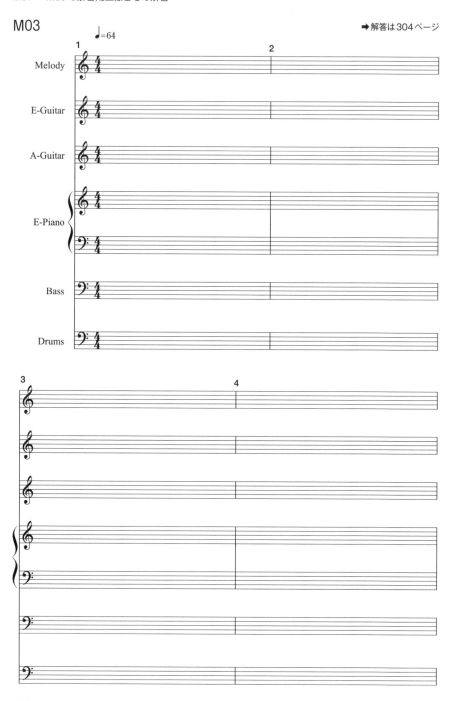

M01～M30の解答用五線とその解答

M03 解答

M01〜M30の解答用五線とその解答

M04

➡解答は308ページ

M04 解答用五線

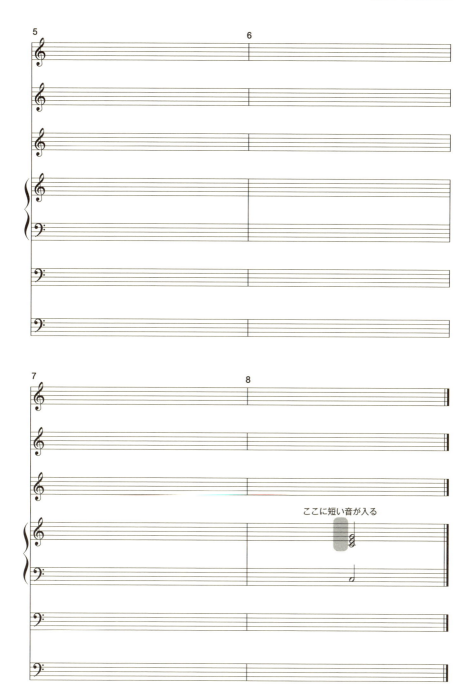

307

M01〜M30の解答用五線とその解答

解答 M04

M01～M30の解答用五線とその解答

M05

➡解答は312ページ

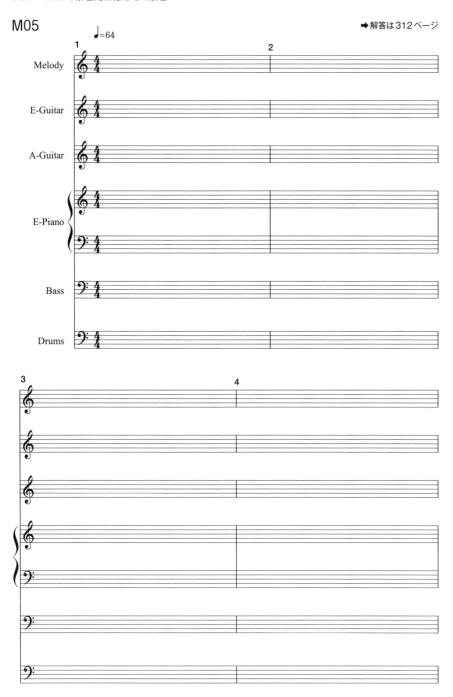

M05 解答用五線

M01〜M30の解答用五線とその解答

M01〜M30の解答用五線とその解答

M06

➡解答は316ページ

M06 解答用五線

M01〜M30の解答用五線とその解答

M01〜M30の解答用五線とその解答

M07

➡解答は320ページ

M07 解答用五線

M01〜M30の解答用五線とその解答

M07 解答

M01〜M30の解答用五線とその解答

M08

➡ 解答は324ページ

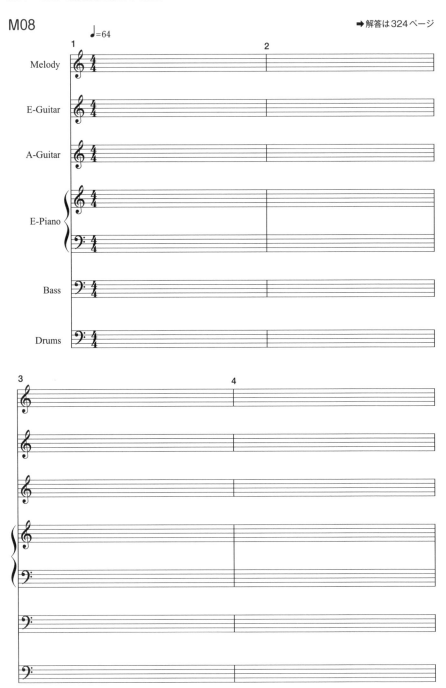

M08 解答用五線

M01〜M30の解答用五線とその解答

M01〜M30の解答用五線とその解答

M09

➡解答は328ページ

M09 解答用五線

M01〜M30の解答用五線とその解答

M01〜M30の解答用五線とその解答

M10

➡解答は332ページ

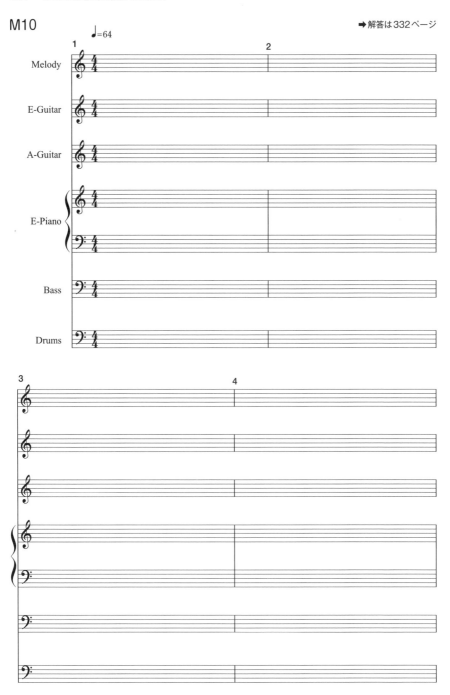

M10 解答用五線

M01〜M30の解答用五線とその解答

注1 コードの第3音（ここではC♯音）がベースのとき、右手のコードのなかには第3音を重ねないのが基本だが、ここは重ねたときの響きのほうがよいと感じたので重ねてある。
注2 ここは「Am7/G」もしくは「C/G」でもOK。「Am/G♯－Am/G」という書き方は、5小節め前半Amのバス、A音が半音ずつ下がっていることに着目した書き方だ。

M01〜M30の解答用五線とその解答

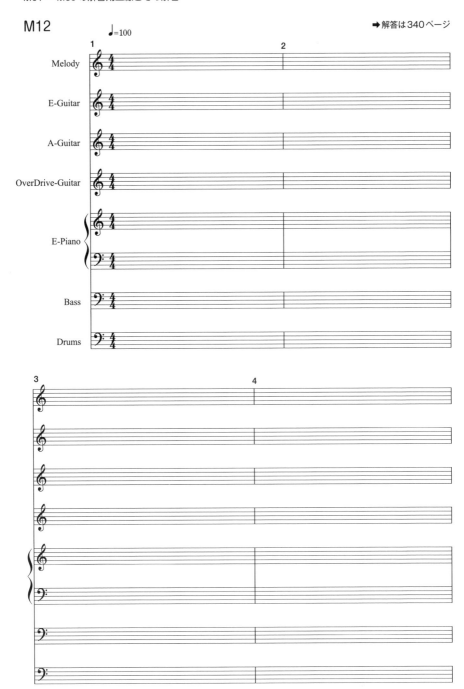

M01〜M30 の解答用五線とその解答

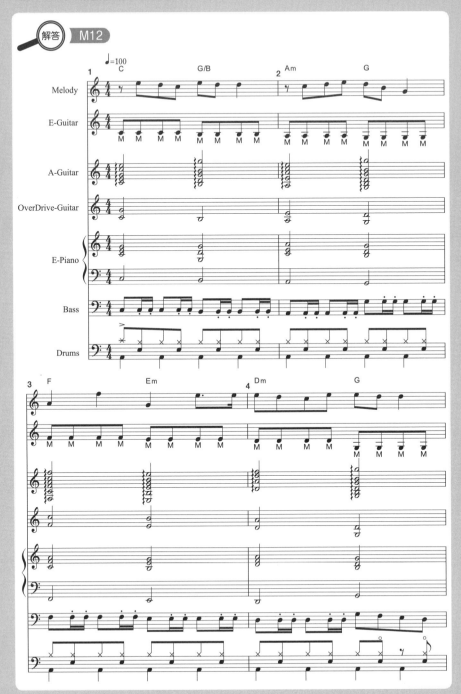

340

M12 解答

341

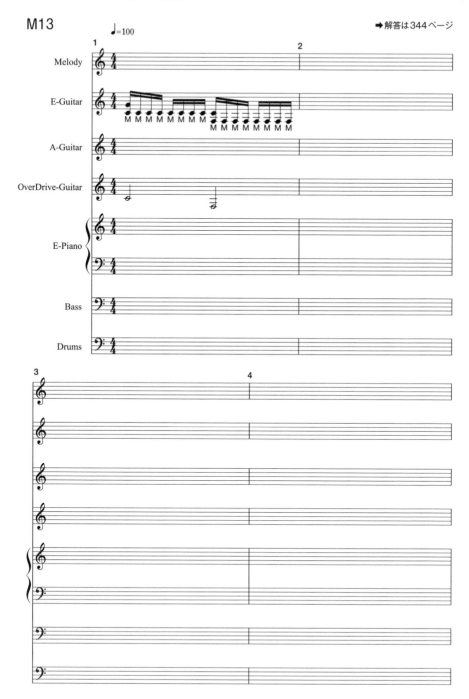

M13 解答用五線

M01〜M30の解答用五線とその解答

解答 M13

M13 解答

345

M01〜M30の解答用五線とその解答

M14

➡解答は348ページ

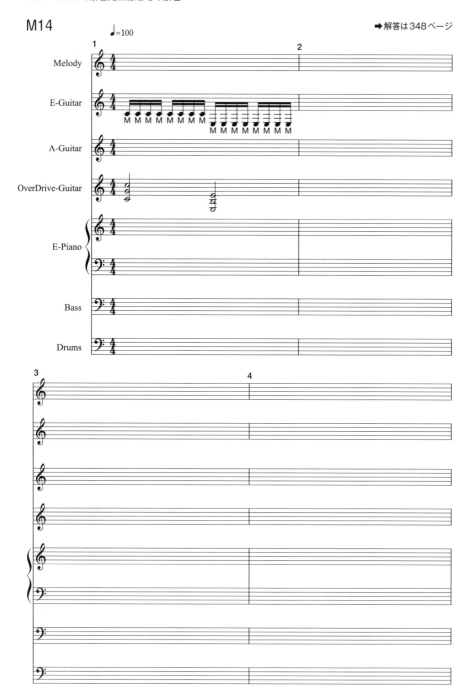

M01〜M30 の解答用五線とその解答

348

M01〜M30の解答用五線とその解答

M15

➡解答は352ページ

M15 解答用五線

M01〜M30の解答用五線とその解答

M15 解答

M16

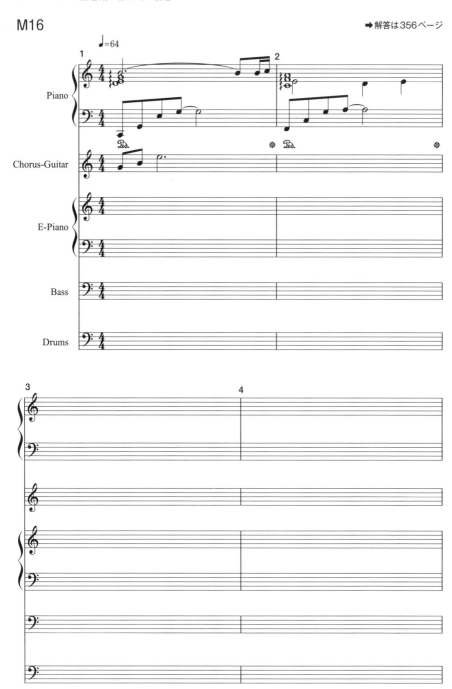

M16 解答用五線

M01〜M30の解答用五線とその解答

356

M16 解答

M17

➡解答は360ページ

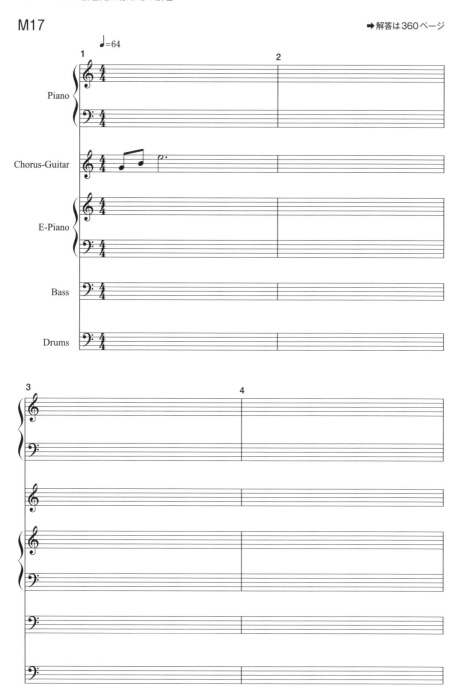

M17 解答用五線

M01〜M30の解答用五線とその解答

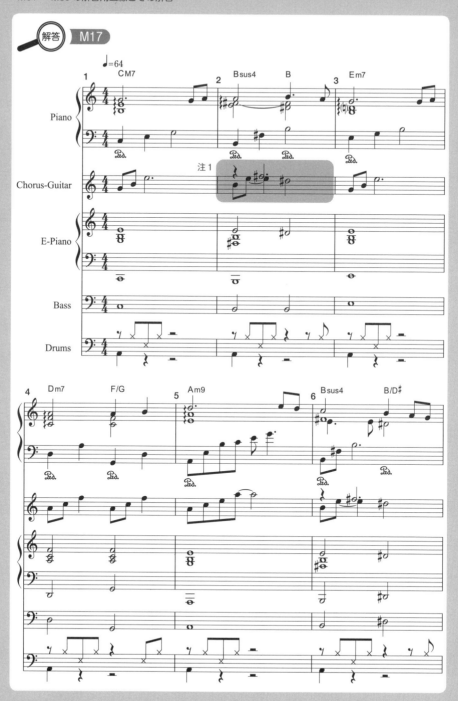

M17 解答

注1 下図のような演奏を楽譜にすると、このようになる。

M01～M30の解答用五線とその解答

M18

➡ 解答は364ページ

M18 解答用五線

M01〜M30の解答用五線とその解答

M01〜M30の解答用五線とその解答

M19

➡ 解答は368ページ

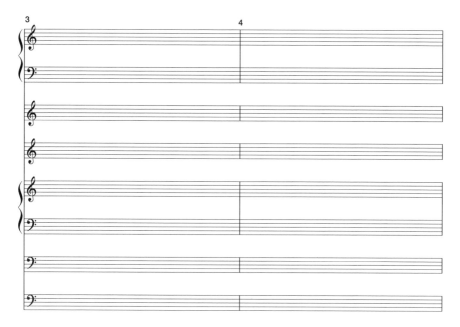

M19 解答用五線

M01〜M30の解答用五線とその解答

M01〜M30の解答用五線とその解答

M20

➡ 解答は372ページ

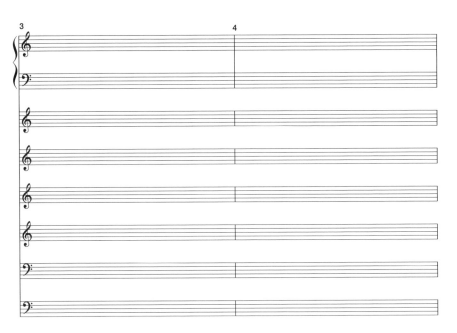

M01〜M30の解答用五線とその解答

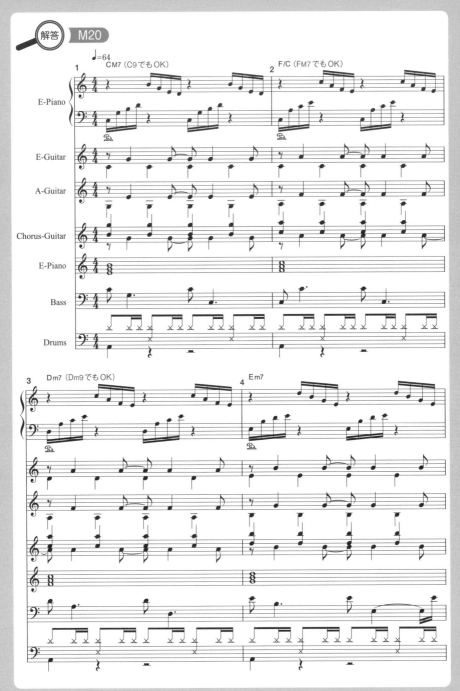

M01〜M30の解答用五線とその解答

M21

➡解答は376ページ

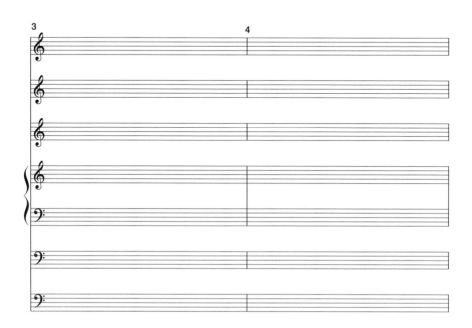

M01〜M30の解答用五線とその解答

注1　H＝ハンマリング。ハンマリング奏法なので、ピッキングの音は聞こえない。
注2　16分音符でもOK。本文でも説明したように（248ページ参照）、長さをしっかり捉えなければならない。
注3　ここに休符が入っていることに気づくことが重要だ。

M22

➡ 解答は380ページ

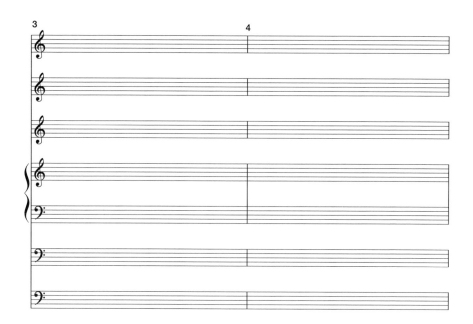

M22 解答用五線

M01〜M30の解答用五線とその解答

M01〜M30の解答用五線とその解答

M23

➡解答は384ページ

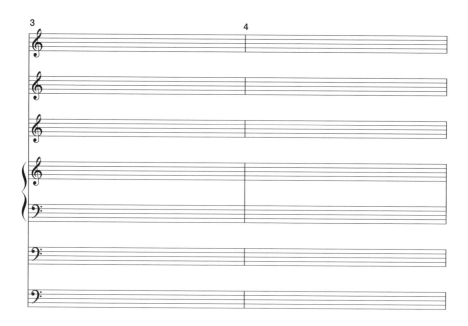

M23 解答用五線

M01〜M30の解答用五線とその解答

M01〜M30の解答用五線とその解答

M24

➡解答は388ページ

M24 解答用五線

M01～M30の解答用五線とその解答

M24 解答

注1　2フレット分のスライド奏法。

M01～M30の解答用五線とその解答

M25

➡解答は392ページ

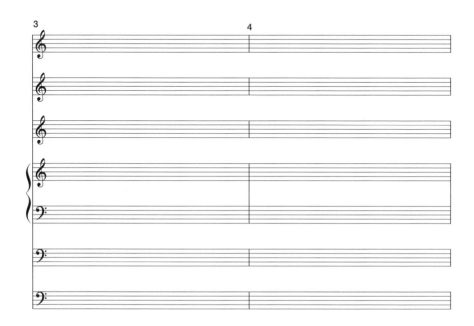

M25 解答用五線

391

M01〜M30の解答用五線とその解答

M26

➡ 解答は396ページ

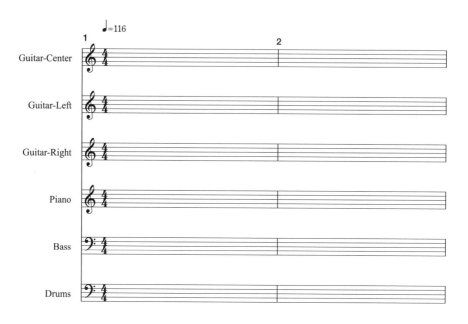

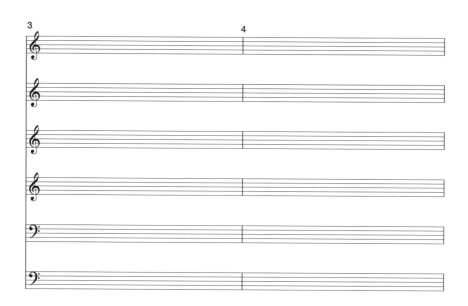

M26 解答用五線

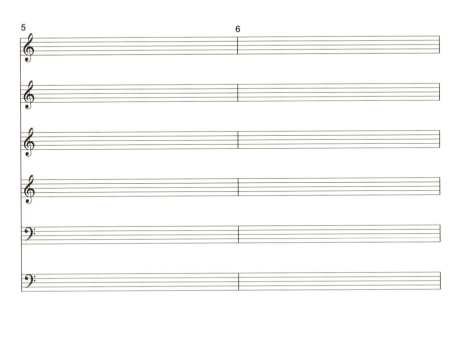

M01〜M30 の解答用五線とその解答

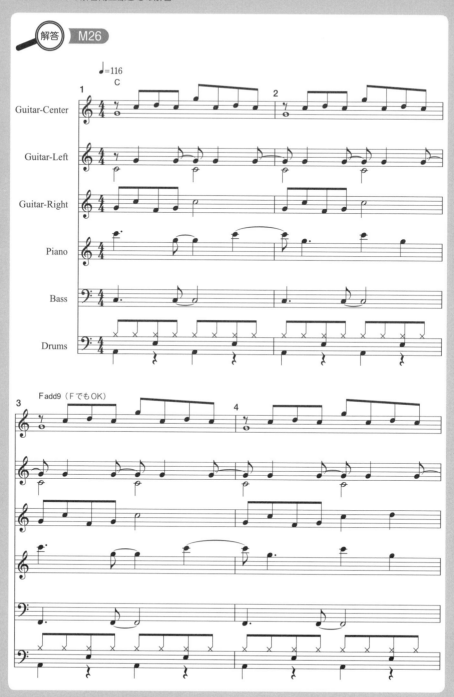

M01〜M30の解答用五線とその解答

M27

➡解答は400ページ

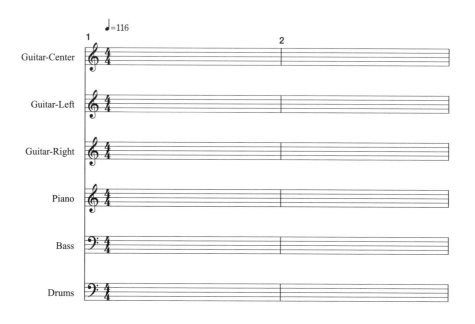

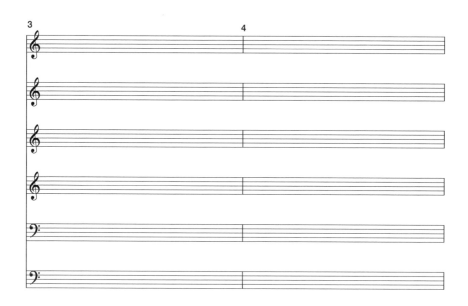

M27 解答用五線

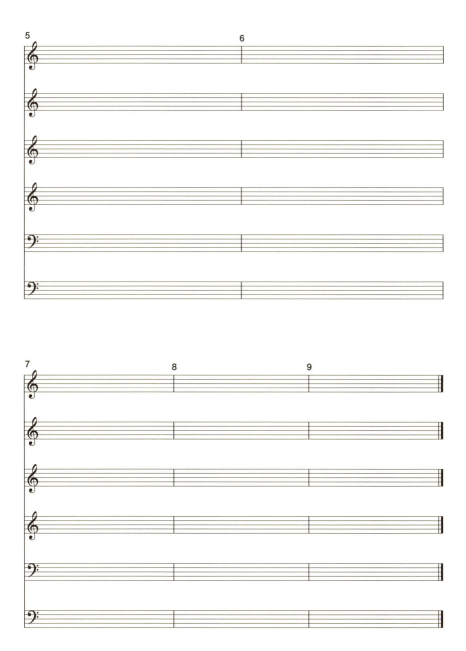

M27 解答

注1 コードが「C－Am－B♭」と変わっても、ずっとG音があることを表記しようとした結果、このようなコードネームとなった。

M28

➡解答は404ページ

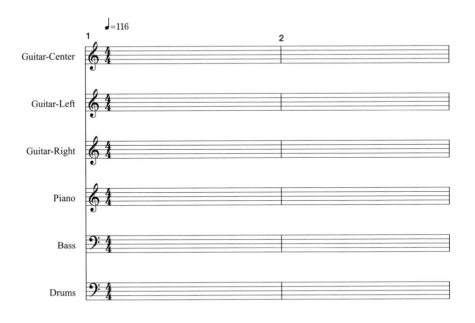
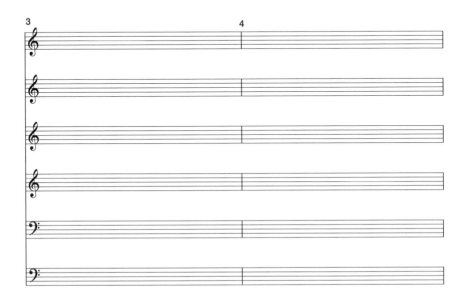

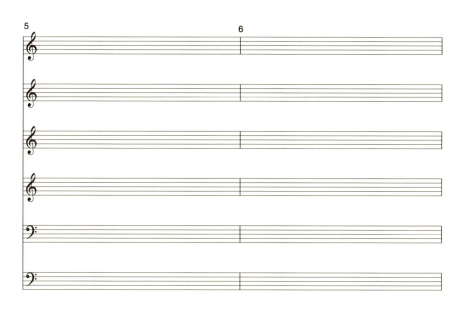

M01〜M30の解答用五線とその解答

注1 ここはコードCが続いているとも考えられる。
注2 G音が持続していることを表したい場合は、「add9」コードが考えられる。

M29 解答用五線

M01〜M30の解答用五線とその解答

解答 M29

M29 解答

M30 解答用五線

411

M01～M30の解答用五線とその解答

M30 解答

永野 光浩（ながの・みつひろ）

国立音楽大学作曲科卒。尚美学園短期大学講師、東京外国語大学アジア・アフリカ言語文化研究所共同研究プロジェクト研究員等を経て、現在、東海大学非常勤講師、八王子音楽院講師、国立音楽院講師。多くのテレビ番組のタイトル曲やCM曲を創るほか、オフィスビルや商業施設などの環境音楽、航空機内環境音楽等を作曲している。また、多くの作品集も出している。

CDに、「クリスタルヒーリング」、「和カフェ」、「疲労解消のための音楽」「脳活性のための音楽～ぼんやり脳のススメ」（いずれも株式会社デラ）など多数。

著書に、「音を大きくする本」、「新・プロの音プロの技」、「DTMオーケストラサウンドの作り方」、「DTMトラック制作術」「耳コピ力アップ術」「良い音の作り方」（いずれもスタイルノート）など多数。

ホームページ：http://www2.odn.ne.jp/onken/

耳コピが基礎からできるようになる本
―― トライ&トレーニング 30 + 150

発行日　2018 年 9 月 8 日　第 1 刷
　　　　2022 年 1 月 26 日　第 2 刷

著　者　永野光浩
発行人　池田茂樹
発行所　株式会社スタイルノート
　　　　〒 185-0021
　　　　東京都国分寺市南町 2-17-9 ARTビル5F
　　　　電話 042-329-9288
　　　　E-Mail books@stylenote.co.jp
　　　　URL https://www.stylenote.co.jp/

装　幀　大野文彰（大野デザイン事務所）
印　刷　シナノ印刷株式会社
製　本　シナノ印刷株式会社

© 2018 Mitsuhiro Nagano　Printed in Japan
ISBN978-4-7998-0169-7　C1073

定価はカバーに記載しています。
乱丁・落丁の場合はお取り替えいたします。当社までご連絡ください。
本書の内容に関する電話でのお問い合わせには一切お答えできません。メールあるいは郵便でお問い合わせください。なお、返信等を致しかねる場合もありますのであらかじめご承知置きください。
本書は著作権上の保護を受けており、本書の全部または一部のコピー、スキャン、デジタル化等の無断複製や二次使用は著作権法上での例外を除き禁じられています。また、購入者以外の代行業者等、第三者による本書のスキャンやデジタル化は、たとえ個人や家庭内での利用であっても著作権法上認められておりません。